सच कहता हूँ

सच कहता हूँ

हरीश चन्द्र बर्णवाल

वाणी प्रकाशन

वाणी प्रकाशन

4695, 21-ए, दरियागंज, नयी दिल्ली 110 002

शाखा

अशोक राजपथ, पटना 800 004

फ़ोन: +91 11 23273167 फ़ैक्स: +91 11 23275710

www.vaniprakashan.in
vaniprakashan@gmail.com

SUCH KAHTA HOON
by Harish Chandra Burnwal

ISBN : 978-93-5000-840-9
Collection of Short Stories

प्रथम संस्करण

मूल्य : ₹ 175

आर. टेक ऑफ़सेट, दिल्ली-110095 में मुद्रित

वाणी प्रकाशन का लोगो मक़बूल फ़िदा हुसेन की कूची से

माँ, पापा को समर्पित...

पत्नी सुष्मिता और नटखट श्रीशु के लिए जिन्होंने महज छह महीने में ही दूसरी किताब के लिए ऑफिस के समय के बाद बचा-खुचा अपना कीमती वक्त दे दिया।

उन दोस्तों के नाम जो समय-समय पर कहानियाँ पढ़कर इसे सुधारने का यत्न करते रहे...

अनुक्रम

कहानियाँ

लघुकथाएँ

भूमिका

मुझे याद है कि शुरुआती दिनों में जब किसी को पता चलता था कि मैं कहानियाँ लिखता हूँ तो कई लोग मुझसे यही पूछते थे कि मैंने कितनी कहानियाँ लिखी हैं? जब मैं सालों बाद भी एक-दो या तीन कहानियाँ बताता तो वह बड़ी ही दया से देखता और अपने बारे में बताता कि उसने तो बीस, तीस या उससे कहीं ज्यादा कहानियाँ लिख डाली हैं। मैंने पहली कहानी सन् 1994 में हजारीबाग में लिखी और पिछले सोलह साल में यही छह कहानियाँ और चन्द लघुकथाएँ मेरी जमापूँजी हैं। दरअसल मेरे दिमाग में जो कुछ चल रहा था, उसे कहानियों की शक्ल में लिखने में मुझे शर्म आती थी। ग्यारहवीं क्लास का छात्र जब किसी से बेरोजगारी जैसे मुद्दे पर बोलता तो लोग उस पर ध्यान ही नहीं देते। मेरी कहानी के पात्र में हिम्मत ही नहीं हो रही थी कि वो ये कह सके कि 'काश मेरे साथ भी बलात्कार होता!'

हकीकत ये है कि शर्म से ये दुनिया नहीं चलती क्योंकि अगर एक मौत से किसी के घर में मातम मनाया जाता है तो दूसरे को ये खुशी भी होती है कि उसे कुछ हासिल हो जायेगा। कोई इसी मौत से अपनी रोजी-रोटी का उपाय भी ढूँढ लेता है। यकीन मानिए ये कहानियाँ मेरे अपने अनुभवों की उपज हैं। कहीं-कहीं मैंने कल्पना के धागे में जिन्दगी के यथार्थ को पिरोने की कोशिश की है, बाकी मेरे जीवन का सच है, अब ये सच भले ही मैंने दूसरे की जिन्दगी में बेहद करीब से देखा हो... या फिर दूसरे का भोगा हुआ यथार्थ हो।

1993 में मैंने मैट्रिक की परीक्षा पास की और उसके बाद इण्टरमीडिएट की पढ़ाई के लिए हजारीबाग के सेंट कोलम्बस कॉलेज में दाखिला लिया। इस दौरान मैं कई ऐसे लोगों के सम्पर्क में आया, जो उच्च शिक्षा के बावजूद बेरोजगार थे और कुछ नहीं कर पा रहे थे। वैसे तो मैं रोज-रोज डायरी लिखता था... लेकिन एक दिन परेशान-बेहाल बेरोजगार लोगों को देख मेरा मन खिन्न हो गया। उनकी मानसिक स्थिति को देखकर मैं डायरी लेकर बैठ गया। इस बार मैं कुछ नये तरीके से लिखना चाहता था। मैंने डायरी में लिखने की शुरुआत ही की होगी कि अचानक लाइट चली गयी। हजारीबाग के कोर्रा चौक के अपने छोटे से कमरे में मैंने मच्छरदानी

के भीतर ही मोमबत्ती जलाकर शायद पहली कहानी लिखने की कोशिश की। कहानी का शीर्षक था 'रोजगार की तलाश में।' कहानी लिखने के बाद मैं खूब रोया था और फिर रोते-रोते सो गया। अचानक मेरी नींद उस समय टूटी जब देखा कि मोमबत्ती गिरने की वजह से करीब आधी मच्छरदानी जल गयी है और आग मेरे बिस्तर पर भी लग चुकी है। दूसरी किताबों के साथ कहानी का एक पन्ना भी जल गया है। खैर, मैंने अपनी जिन्दगी में पहली बार एक कहानी लिखने की कोशिश जरूर कर डाली, वो भी ग्यारहवीं क्लास में पढ़ते हुए रोजगार जैसे गम्भीर विषय पर... हालाँकि इस चक्कर में मेरा बिस्तर, मच्छरदानी और कुछ जरूरी सामान जरूर जल गये थे।

इस कहानी को मैं अब परिपक्व कहानी नहीं मानता, लेकिन दो पत्रिकाओं में छपने और 1998 में हिन्दी अकादमी, दिल्ली सरकार के द्वारा पुरस्कार दिये जाने के बाद मुझे काफी प्रोत्साहन मिला। पिछले कई साल से जिस कहानी की भूमिका तैयार कर रहा था, उसे लिखने में मदद मिली और एक साल होते-होते मैंने 'काश मेरे साथ भी बलात्कार होता!' कहानी लिख डाली। इसके बाद सन् 2004 में मैंने लगभग आठ साल की मेहनत के बाद अन्धे बच्चों पर 'यही मुम्बई है' कहानी लिखी। ये है कहानी लिखने का मेरा सफर। बाद में जैसे-जैसे किसी घटना ने मेरे मन को अति के स्तर पर उद्वेलित किया, मैंने उसे कहानी की शक्ल में ढालने की कोशिश की।

कहानियों की ही बात करें तो मेरी जिन्दगी में अहम पड़ाव उस समय आया, जब मुझे 'यही मुम्बई है' कहानी के लिए 'हंस' पत्रिका ने 'अमृतलाल नागर पुरस्कार (प्रथम)' दिया। इस दौरान 'हंस' पत्रिका की तरफ से मुझे फोन आया और फोन करने वाले शख्स ने मेरा पता पूछा जिससे कि प्रथम पुरस्कार के लिए मुझे पाँच हजार रुपये का चेक भेजा जा सके। मैंने फोन करने वाले से जब ये पूछा कि क्या किसी कार्यक्रम में पुरस्कृत कहानी के बारे में चर्चा नहीं होगी तो उन्होंने मना किया और बताया कि पुरस्कार सीधा मेरे पते पर भेज दिया जायेगा। इसके बाद मैंने राजेन्द्र यादव जी को फोन किया और अपनी भावनाएँ व्यक्त की कि एक कहानीकार के लिए पैसे से ज्यादा मायने है कि उस कहानी पर चर्चा हो। आखिर क्यों मेरी कहानी पसन्द आयी? इस कहानी में क्या कमी रह गयी? लेकिन राजेन्द्र जी ने साफ कहा कि पैसे की कमी की वजह से कोई कार्यक्रम आयोजित नहीं किया जा सकता। पर मैंने उनसे गुजारिश की और कहा कि 'मैं कार्यक्रम आयोजित कराने की कोशिश करूँ।' वो मान तो गये लेकिन उन्होंने कहा कि 'दिल्ली में कार्यक्रम आयोजित कराने की कोशिश करना।' उस समय मैं मुम्बई में स्टार न्यूज में कार्यरत था। ऐसे में दिल्ली जाकर कार्यक्रम के लिए सोच पाना मुश्किल था। मुम्बई में ही मैंने साहित्य के प्रति गहरी आस्था रखने वाले कुछ लोगों से सम्पर्क

किया तो वो कार्यक्रम का खर्च देने को तैयार हो गये, लेकिन उन्होंने ये कार्यक्रम मुम्बई में ही आयोजित कराने की बात की। मैंने राजेन्द्र जी को ये बात बताई तो वो मेरी भावनाओं को देखते हुए मान गये।

मैंने हवाई जहाज का टिकट बुक करवाकर राजेन्द्र जी को भेज दिया। इस दौरान मेरी सैलरी सिर्फ अट्ठारह हजार रुपये प्रति माह थी। इसमें से चौदह हजार रुपये में मैंने राजेन्द्र जी के लिए आने-जाने का टिकट बुक कराया, लेकिन ऐन कार्यक्रम से एक दिन पहले रात में दादा का फोन आया और कहने लगे कि 'हरीश मैं बाथरूम में फिसल गया हूँ इसलिए मैं आ नहीं पाऊँगा।' उन्होंने टिकट भी कैंसिल करवा दिया था। मैं दादा को कुछ कह नहीं पाया और बस इतना ही कह सका कि 'मुम्बई में मैंने पहली बार कोई बड़ा कार्यक्रम आयोजित किया है, जिसमें सिर्फ आपके नाम से यहाँ के सभी बड़े साहित्यकार और कई बड़ी फिल्मी हस्तियाँ जुटेंगी।' फिर कार्यक्रम के दिन मैंने सुबह उन्हें फिर से फोन किया और हाल-चाल पूछा... लेकिन उनकी हालत में कोई सुधार नहीं था। मैंने फोन रख दिया और सब कुछ भगवान भरोसे छोड़ दिया। अचानक दो घण्टे बाद ही दादा का फोन आया और कहने लगे कि वो दिल्ली एयरपोर्ट में हैं और दो घण्टे बाद मुझे मुम्बई एयरपोर्ट में आने को कहा। सहसा मुझे यकीन नहीं हुआ, लेकिन जब तय कार्यक्रम पर मैं मुम्बई एयरपोर्ट पहुँचा तो देखा कि वाकई उनकी सेहत ठीक नहीं थी और एयरपोर्ट के दो कर्मी उन्हें सहारा देकर बाहर ला रहे थे।

राजेन्द्र यादव जी के बारे में मेरे लिए कुछ भी कहना छोटी मुँह बड़ी बात होगी, लेकिन किसी नये लेखक के लिए उनका इतना कुछ करना वही बता सकता है जिसने अपने ऊपर गुजरते देखा है। इस कार्यक्रम में मैं शायर निदा फाजली और कथाकार धीरेन्द्र आस्थाना समेत कई साहित्यकारों के साथ जुड़ा, जिससे समय-समय पर मुझे काफी कुछ सीखने को मिला। हाँ, राजेन्द्र यादव जी ने मुझे उस समय भी चौंकाया जब कार्यक्रम के अगले दिन एयरपोर्ट के लिए जा रहे थे तो उन्होंने मुझसे मेरे चाचा का हाल पूछा। मैं समझ नहीं पाया तो उन्होंने 'अन्तर्विरोध' कहानी का जिक्र किया और बताया कि रात में उन्होंने ये कहानी पढ़ी है।

मेरी कहानियों पर अब तक कई कमेंट मुझे मिले हैं, जिसमें कई बड़े साहित्यकार, पत्रकार और आलोचक हैं। किसी ने इसकी तुलना प्रेमचन्द की कहानी से की तो किसी ने फणीश्वर नाथ 'रेणु' से, लेकिन यकीन मानिए कि ये उन बड़े साहित्यकारों का आशीर्वाद है, जो समय-समय पर मिलता रहा है। मैंने तो बस अपने अनुभवों को ही समेटने की कोशिश की है। ये अनुभव डायरी की शक्ल में तो आते रहते हैं, लेकिन जब ये भावनाएँ प्रखर हो जाती हैं तो फिर कहानियों में गूँथने की कोशिश करता हूँ, क्योंकि यहाँ मैं अपनी कल्पना का भी इस्तेमाल कर लेता हूँ।

इन कहानियों को लिखने में जिनका सबसे ज्यादा प्रोत्साहन मिला उनमें मेरी दीदी सबसे आगे हैं... जिन्होंने हमेशा मेरी कहानियाँ सबसे पहले पढ़ीं या सुनीं। पापा-माँ और घर के बाकी लोगों ने भी हमेशा पढ़ाई के साथ-साथ मेरी लेखनी के बारे में भी जरूर पूछा। इसके अलावा सईद जी सबसे खास हैं, जो हर वक्त कहानियाँ पढ़ते, सुधारते और प्रोत्साहित भी करते। समाज कल्याण पत्रिका के सम्पादक रंजन जैदी जी का जिक्र जरूर करना चाहूँगा जिनके सम्पर्क में आते ही मेरे अन्दर गजब का उत्साह आया और मैं कहानियाँ लिखने के लिए और मेहनत करने लगा। इसके अलावा जिन लोगों की समय-समय पर मदद मिली उनमें ब्रज मोहन, मनोज बर्णवाल, स्वर्गीय अरविन्द झा, डॉ. रमेश बर्णवाल, शत्रुघ्न प्रसाद, रजनीकान्त मिश्रा प्रमुख हैं। इसके अलावा डॉ. रवि मलिक का भी जिक्र करना चाहूँगा, जिन्होंने सीधे तौर पर तो नहीं, लेकिन मेरे सवा साल के बेटे श्रीशु की बीमारी के दौरान मेरी तमाम परेशानियों को, बड़े भाई की तरह अपने कन्धे पर लेकर मुझे लेखन के लिए पूरी तरह से मुक्त कर दिया और मैं समर्पित भाव से एक साथ दो किताबों के साथ पूरा न्याय कर सका। पत्नी सुष्मिता और डेढ़ साल के श्रीशु की इच्छा के बिना तो इस किताब के बारे में सोचा भी नहीं जा सकता था।

आखिर में अरुण माहेश्वरी का शुक्रिया क्योंकि इस किताब के आने में आखिरी अन्तिम कड़ी वही हैं, जिनके बिना ये किताब आ ही नहीं सकती थी। दरअसल कहानियों के संग्रह के बारे में मैंने सोचा भी नहीं था। मैं तो दूसरे प्रस्ताव के सिलसिले में उनसे मिलने गया था, लेकिन उन्होंने कहानी की किताब के लिए न सिर्फ मुझे प्रोत्साहित किया, बल्कि अगले ही दिन उनके ऑफिस से फोन भी आ गया कि एक हफ्ते में कहानी की ये पाण्डुलिपि चाहिए।

उम्मीद है कहानियों पर मेरी ये पहली किताब आपको पसन्द आयेगी। आपके सुझावों का हर वक्त इन्तजार रहेगा।

—हरीश चंद्र बर्णवाल

कहानियाँ

यही मुम्बई है

घर में काफी शोर-शराबा मचा हुआ था। मम्मी की आवाज पूरे घर में जोरों से गूँज रही थी। कभी वह नौकरों को डाँटती थीं तो कभी पापा को झिड़क रही थीं। कभी-कभी तो किसी को चाँटा मारने तक की आवाज आ जाती थी। जरूर वह अभिषेक ही होगा। क्या ये सब सिर्फ मेरी वजह से हो रहा है? बारह साल का महादेव, जो कि जन्म से अन्धा था, यही सोचकर बार-बार डर जाता था। उसके पैरों में ज़ोरों का दर्द उठ रहा था। डॉक्टर ने मरहम-पट्टी तो कर दी थी, लेकिन पैरों के ऊपर बँधी पट्टी अब भी गीली थी। इस गीलेपन का स्पर्श होते ही उसे और भी डर लगने लगता। वह अन्धकार की खोह में लुढ़कने लगता। ऐसे में उसे बार-बार मुम्बई यात्रा की याद आ रही थी। अन्धकार की खाई में जितनी तेजी से लुढ़क रहा था, शोर भी उतना बढ़ता जा रहा था। उतनी ही तेजी से मुम्बई की ओर जाने वाली ट्रेन गुफाओं से निकलकर भागी जा रही थी।

"मैडम अचानक ये आवाज गूँजने क्यों लगी और दाइयाँ इतनी तेजी से क्यों कपड़े धो रही हैं?" महादेव मैडम से रास्ते में ये सवाल पूछता है।

ट्रेन से सारी दाइयाँ मुम्बई चली जाती हैं और रास्ते भर वह कपड़ा धोती रहती हैं, ताकि मुम्बई पहुँचते-पहुँचते उसके हाथों में ज्यादा कपड़े धोने की ताकत बनी रहे। महादेव को यही पता है। ट्रेन तेजी से चलती है तो कपड़े ज्यादा धुलते हैं, ट्रेन धीरे चलती है तो कपड़े धीरे-धीरे धुलते हैं। मैडम ने महादेव को यही बताया है। लेकिन ये क्या आवाज में अचानक गूँज क्यों पैदा होने लगी और दाइयों ने कपड़े जोर-जोर से फींचने शुरू कर दिये हैं?

"क्योंकि ट्रेन अभी गुफाओं से गुजर रही है।" मैडम जवाब देती हैं।

"ये गुफा क्या होती है और दाई कपड़े क्यों जोर-जोर से धो रही है?"

"गुफा एक ऐसी जगह है जो चारों ओर से पत्थरों से घिरी होती है, इसमें रोशनी नहीं होती, इसलिए दाइयों को कपड़ा दिखाई नहीं देता और जल्दबाजी में वे और जोर-जोर से कपड़े धोने लगती हैं।"

"ये रोशनी क्या होती है?"

"रोशनी मतलब किरण, जो कि सूरज से आती है। जब ये किरण किसी

चीज पर पड़ती है, तो हमें वह चीज दिखाई देने लगती है। गुफा चारों तरफ से घिरी होती है इसलिए सूरज की रोशनी नहीं पहुँच पाती। गुफा से बाहर निकलने पर ये रोशनी फिर से पड़ने लगेगी तो कपड़े फिर से दिखाई देने लगेंगे।"

"लेकिन किरण क्या होती है?"

बार-बार इस तरह से प्रश्नों को सुनकर मैडम को झल्लाहट होने लगती है। लेकिन अपने गुस्से को काबू में करते हुए बोलती है "किरण जिससे...गर्मी का एहसास होता है।"

"अच्छा, इसका मतलब है गर्मी होने पर दिखाई देने लगेगी, लेकिन हमें भी तो गर्मी लगती है, फिर क्यों दिखाई नहीं देता?" महादेव पूछता है।

"बेटा तुम्हारे आँखों की गर्मी चली गयी है।" मैडम ने बताया, लेकिन महादेव अचानक से कुछ सोचकर खुश हो जाता है और चीख पड़ता है, कि "गुफाओं के अन्दर आँख वालों को भी नहीं दिखाई देता।"

ये बात जहन में आते ही महादेव को बड़ा ही अफसोस होता है कि उसका भाई अभिषेक क्यों साथ नहीं आया, गुफाओं के अन्दर आते ही वह उसे भी अन्धा-अन्धा कहकर चिढ़ाता। अब तक तो अभिषेक महादेव को अन्धा कहकर चिढ़ाया करता था। अब वह उसे गुफाओं के अन्दर ले जायेगा, फिर अन्धा कहकर चिढ़ाएगा।

इधर घर में महादेव की बगल में बैठा अभिषेक उसे अपना बैट दिखाने की जुगत में है। लाल रंग की पचास रुपये में खरीदी गयी बैट। महादेव को चिढ़ाने का कितने दिनों बाद मौका मिला है। वह महादेव को नींद से जगाने के लिए कसकर हिलाता है। लेकिन सपने में खोया महादेव तो वैसे ही हिल रहा है। रेलगाड़ी में भी तो ऐसे ही हिलते रहते हैं। लम्बा सफर हो तो गहरी नींद में नहीं सोना चाहिए, लेकिन वह ट्रेन में सोया कहाँ था! मुम्बई न जाने कब आ जाये और वह सोता ही रह जाये। पहला इतना लम्बा सफर, वह भी ट्रेन में! अचानक ट्रेन की रफ्तार थमी, सीटी बजी और उसकी नींद टूट गयी।

अभिषेक अब बैट दिखाने की इच्छा त्याग चुका था। अब उसकी दिलचस्पी मुम्बई के बारे में होने लगी थी। वह अब बार-बार पूछ रहा था कि 'मुम्बई कैसी है, वहाँ ऋतिक रोशन को देखा क्या? सुना है उसकी छह उँगलियाँ हैं। वहाँ के लोग हमेशा गाते, बजाते और झगड़ा करते रहते हैं क्या? सारी दाइयाँ वहाँ करती क्या हैं?' भाई में अचानक से आये इस बदलाव को महादेव समझ ही नहीं पा रहा था... लेकिन मम्मी का बर्ताव भी तो बदल गया।

उसे चार दिन पहले की घटनाएँ याद आने लगीं। उनमें भी वह खास घटना जब उसने मुम्बई की यात्रा शुरू की थी। कितना खुश था वह। पहली बार मम्मी सबसे ज्यादा अच्छी लग रही थीं। लग रहा था मानो इस घर में सबसे ज्यादा हमें वही चाहती हों। मेरे मुम्बई जाने की खबर पाकर पापा भड़क उठे थे और जाने

से मना भी कर दिया था। इस बात पर मेरा भाई कितना खुश था। लेकिन मेरी जिद पर मम्मी ने ही पापा को मनाया। मैंने खुद ही सुना था, मम्मी पापा को बता रही थीं कि आखिर मैं कहीं भी तो घूमने नहीं गया। पापा-मम्मी कभी भी घूमने बाहर जाते तो अभिषेक को ही ले जाते, मुझे कभी नहीं ले जाते। मम्मी कहती थीं कि मैं देख नहीं सकता, इसलिए मुझे ले जाने के बाद उनको दिक्कत होगी। मेरा ख्याल रखना काफी मुश्किल था। अभिषेक भी तो मुझसे कितना जलता था। कहता था कि हर वक्त मेरा हाथ पकड़े रहो। न तो दोस्तों के साथ घूम सकते हैं, ना ही किसी के साथ खेल सकते हैं। इसलिए जब कभी घूमने की बारी आती थी तो हमेशा अभिषेक ही पापा-मम्मी के साथ जाता था और मुझ अन्धे को अंकल के घर भेज दिया जाता था।

लेकिन उस दिन स्कूल की तरफ़ से जब सारे बच्चे मुम्बई जा रहे थे तो पापा ही मुझे भेजने को राजी नहीं थे। फिर मम्मी ने ही तो समझाया था। हालाँकि मम्मी ने कहा था कि 'अरे जाने दीजिए ना, कौन-सा हम लोगों को उसका ख्याल रखने के लिए साथ ही रहना होगा या अभिषेक को हाथ पकड़े रहना होगा। यह अकेला अन्धा तो होगा नहीं, बल्कि अन्धों का पूरा स्कूल ही जा रहा है।' तब मुझे काफी खराब लगा था। लेकिन मम्मी शायद मेरे मुम्बई जाने की खातिर पापा को मनाने के लिए ही ऐसा कह रही होंगी।

उस समय मम्मी मुझसे कितना प्यार कर रही थीं। उसने ही सारे कपड़े सजाकर अटैची में रखे थे। खाना भी खुद ही अपने हाथों से बनाया। फिर मुझे मुम्बई जाने के वक्त पचास रुपये भी दिये। वह भी पापा और भैया से छुपाकर। भाई को भी बताने से मना कर दिया क्योंकि वह पापा को बता देता। मैं भला अपने हिस्से में आयी इस जीत को कैसे छुपाकर रख लेता और मैंने नोट भाई को दिखा दिया। इसके बाद उसने काफी हंगामा किया। फिर पापा ने पैसे वापस ले लिये। तब मम्मी ने ही तो दोबारा पैसे दिलवाए। साथ में अभिषेक को भी पचास रुपये दिये गये। उसने तुरन्त लाल रंग का बैट ख़रीद लिया था। पापा को साथ लेकर मम्मी मुझे छोड़ने स्कूल भी आयीं। कितना मजा आ रहा था! कितनों के मम्मी-पापा अपने बच्चे को छोड़ने आये।

उस समय मैंने सोचा था कि मैं इस पैसे से अपने लिए कुछ भी नहीं खरीदूँगा, हाँ याद आया। दाई को मनाकर लाने की सोच रहा था। उसे पचास रुपये देकर मना लूँगा। मम्मी को दाई के बिना कितनी दिक्कत होती थी। हमेशा सिर में दर्द रहता था। वैसे कपड़ा धोने और बर्तन माँजने के लिए तो दाइयाँ मिल ही जाती थीं, लेकिन सिर दबाने के लिए तो कोई भी नहीं था। इसलिए मैं ही दबाया करता था। पर मैं भी तो हर वक्त घर पर नहीं होता था। स्कूल जाना पड़ता था। पता नहीं जो भी दाई घर में आती, मुम्बई क्यों चली जाती थी। मम्मी बता रही थीं

कि उन्हें मुम्बई में ज्यादा पैसे मिल जाते हैं। हाँ, मैं पैसे देकर दाई को वापस घर ले आऊँगा। रास्ते भर यही सोचता रहा था मैं।

रेल के इस लम्बे सफर में दाइयाँ भी कितना कपड़ा फींच रही थीं। कभी रुकने का नाम ही नहीं लेती थीं। गुफा आने पर तो और जोर-जोर से कपड़े फींचने लगतीं। इस मौके पर उसे अभिषेक की याद आने लगती। अभिषेक को साथ क्यों नहीं लाया। गुफाओं में उसे भी नहीं दिखाई देगा और अन्धा हो जायेगा। अभिषेक महादेव को चिढ़ाने का कोई मौका नहीं छोड़ता था। इसलिए महादेव भी अपने भाई को जमकर चिढ़ाना चाहता है। भाई कभी भी इतने लम्बे सफर में नहीं गया है। महादेव इस सफर को भरपूर जीना चाहता है।

गुफाओं की ओर बढ़ता सफर... अँधेरा, घोर अँधेरा। बन्द आँखों से दिखता रेल का लम्बा सफर। ट्रेन जितनी तेजी से आगे बढ़ती, घोर अँधेरा उतना ही बढ़ता जाता। मुम्बई के करीब भी बढ़ते जाते। मन की आँखें बार-बार इस पीड़ा में उसी सफर पर जाकर केन्द्रित हो जातीं। ट्रेन में चढ़ते ही मैडम ने कहा था कि 'हम भारत के सबसे बड़े शहर में जा रहे हैं, यह देश की आर्थिक राजधानी है।' इसका मतलब हम लोगों को समझ में नहीं आया था तो उन्होंने बताया कि 'यहाँ देश के सबसे ज्यादा पैसे वाले लोग रहते हैं, पैसों का सबसे ज्यादा कारोबार यहीं होता है।' किसी ने कहा था कि कड़कड़ाते नोटों का शहर है ये। कड़कड़ करते नोट यहीं बनते हैं। लेकिन मैडम ने सावधान करते हुए यह भी कहा था कि अपने सामान को हर वक्त टटोलते रहना कि वह सही जगह तो है ना!

पूरी बोगी हमारी थी। पूरी दुनिया हमारी, घर से भी ज्यादा अच्छी। सारे दोस्त हर वक्त हँसते रहते थे। खूब शोर भी मचाते थे। खेलते थे, लेकिन खेलने से ज्यादा मुम्बई के बारे में बातें करते थे कि मुम्बई कैसी होगी! आर्थिक राजधानी होने से क्या होता है? देश की राजधानी तो दिल्ली है, जहाँ लाल किला है। चाँदनी चौक है। झण्डा वहीं फहराया जाता है। ठक-ठक करती परेड भी होती है। प्रधानमन्त्री, राष्ट्रपति सब वहीं रहते हैं। लम्बी जोरदार बहस चली। लेकिन हम लोग मुम्बई जा रहे थे, इसलिए किसी की दिलचस्पी दिल्ली में नहीं थी। हर कोई मुम्बई के बारे में ही बात करना चाह रहा था।

"पता है, मुम्बई में सबसे ज्यादा लोग रहते हैं।" हमारे साथ जा रहे सुदर्शन ने कहा।

"अच्छा", बहुत लोगों ने एक साथ कहा।

"सारी दाइयाँ तो वहीं चली जाती हैं, इसलिए वहाँ ज्यादा लोग रहते हैं।" महादेव कहता है।

"नहीं-नहीं, ऐसा नहीं है, वहाँ फिल्में बनती हैं, सब लोग फिल्मों में काम करने के लिए चले जाते हैं।" त्रिलोचन असहमति जताते हुए बोलता है।

"लेकिन सारे हीरो-हीरोइन भी तो वहीं रहते हैं, वह क्या अपना काम खुद करते होंगे, दाई की भी तो जरूरत पड़ती होगी।" सुनयना कहती है। इस पर बहस छिड़ जाती है, पर इस बहस में कोई नहीं पड़ना चाहता और मान लिया जाता है कि दाई के मुम्बई जाने से भी वहाँ लोगों की संख्या में इजाफा होता जा रहा है।

लेकिन उनके बीच बैठा मधुर का मन व्याकुल हो उठता है। वह इस दल का गवैया है और फिल्मों में गाना चाहता है। वह त्रिलोचन से कहता है कि सचमुच मुम्बई जाने वाले लोग फिल्मों में काम करते हैं तो वह भी फिल्मों में गाना गाएगा। अब बहस इस मुद्दे पर छिड़ जाती है कि कौन क्या करेगा।

"मैं तो अमिताभ बच्चन से मिलूँगी।"

"मैं तो अक्षय कुमार से ऑटोग्राफ लूँगी, मैं माधुरी दीक्षित से बात... सलमान खान को..."

"मेरे चाचा वहाँ लोकल ट्रेन चलाते हैं, मैं उस पर चढ़ूँगा।"

"मैं तो ऋतिक रोशन से मिलूँग, मेरे भाई को बहुत पसन्द है।" महादेव ने कहा, लेकिन उसने झटके से कहा कि "मैं दाई भी ढूँढूँगा।" बात यहाँ अटपटी-सी होकर अटक गयी।

"अरे दाई देखकर क्या करेगा?" किसी ने पूछा।

"मैं अपने घर के लिए दाई को ढूँढूँगा और उसे पैसे देकर अपने घर ले जाऊँगा।"

"यह अपनी दाई को ढूँढने के लिए मुम्बई जा रहा है," सारे लड़के जोर-जोर से ठहाका मारने लगते हैं।

"लेकिन तू अपनी दाई को पहचानेगा कैसे?"

"उसकी साड़ी छूकर, मैंने उसमें छेद कर दिये थे।"

"मैं तो गेटवे ऑफ इंडिया भी देखूँगी।" महादेव में किसी की दिलचस्पी न देख सुनयना ने बात का रुख बदलते हुए कहा।

"सुना है वो भारत का आखिरी कोना है?" सैफ पूछता है।

"अच्छा, लेकिन इसके बाद क्या है?"

"पाकिस्तान शुरू हो जाता है," सुनयना ने कहा।

महादेव बीच में ही टोकते हुए कहता है, "नहीं, समंदर।"

"अरे हाँ, वहाँ तो पानी ही पानी है, हम वहाँ भी जायेंगे।" लगभग सभी एक-साथ बोल पड़ते हैं।

"कितना पानी होता होगा?" महादेव ने जिज्ञासा प्रकट की।

"गंगा नदी जितना होगा," राहिल ने कहा, "क्योंकि वहाँ भी बहुत पानी है, एक बार जब मैं वाराणसी गया था तो वहाँ नहाते समय अम्मा ने मुझे किनारे ही बिठा दिया था और पतीले से नहलाती रहीं। मैंने जब आगे जाने की जिद की तो

कहने लगीं कि डूब जाओगे, आगे पानी ही पानी है। मैंने पूछा था कि उसके बाद क्या है तो कहने लगीं कि और आगे कुछ नहीं दिखता, बस पानी ही पानी है। समंदर में भी पानी ही पानी है, आगे कुछ नहीं दिखता।"

"अच्छा!" दोबारा महादेव की निगाह में चमक पैदा होती है। यह चमक कालिमा की पराकाष्ठा में साफ देखी जा सकती थी। कसकर बोल पड़ा, "समंदर और गंगा किनारे भी आँख वालों को नहीं दिखता।" अब वह अभिषेक को जरूर मुम्बई आने के लिए कहेगा। वहाँ समंदर के करीब ले जायेगा, फिर अन्धा-अन्धा कहकर खूब चिढ़ाएगा।

लेकिन महादेव की मानसिकता से परे बच्चों के तर्क जारी हैं... "तब तो मुम्बई में पानी की किल्लत नहीं होती होगी।"

"नहीं बाबा, वहाँ तो पानी की भारी किल्लत है।" सुधांशु कहता है।

लेकिन सब विरोध करते हैं और कहते हैं कि नहीं! वहाँ तो पानी ही पानी है। पर सुधांशु कहता है कि वहाँ तो मेरे चाचा रहते हैं, वो कहते हैं कि पानी इतना कम आता है कि कभी-कभी नहाने के लिए भी पानी नहीं होता।

"अच्छा!" सबने एक साथ कहा। सुधांशु के चाचा वहाँ ट्रेन चलाते हैं तो बात सही ही होगी। सब मान लेते हैं। लेकिन वहाँ तो कोई हंगामा नहीं करता। दिल्ली में तो नेता धरना देने लगते हैं। भूख-हड़ताल पर बैठ जाते हैं। तोड़-फोड़ होने लगती है।

"वहाँ नेता थोड़ी न रहते हैं।" किसी ने कहा, "वहाँ तो फिल्मी लोग रहते हैं... हीरो-हीरोइन।"

"दाई भी।" महादेव ने कहा।

"दाऊद भी तो रहता है।" राहिल बताता है।

"यह कौन है?" महादेव पूछता है।

"अरे वह बहुत खतरनाक गुंडा है, लोगों को मारता है, पैसे छीन लेता है।"

"अच्छा, तभी मैडम ने हर वक्त अपने सामान टटोलने के लिए कहा था, हो सकता है दाऊद इसे छीनकर भाग जाये।" सैफ कहता है।

तभी नाश्ते के लिए सबको कहा जाता है। नाश्ते में पावरोटी से थोड़ी मोटी चीज में कुछ डालकर दी जाती है। पूछने पर पता चलता है कि ये वड़ा पाव है।

"यह मुम्बइया नाश्ता है।" वड़ा पाव को बड़े आराम से खाते हुए सुधांशु कहता है, "मुम्बई के लोग बहुत ही जल्दबाजी में होते हैं ना! इसलिए इसे तुरन्त खाकर अपने काम में लग जाते हैं।"

"लेकिन क्यों?"

"क्योंकि वहाँ की लाइफ फास्ट है न!" सुधांशु ने कहा।

"यह क्या होता है?"

"वहाँ के लोग जल्दी-जल्दी काम करते हैं।" मधुर बोलता है।

"सिनेमाहॉल जाते समय कितना शोर होता है, कितनी जल्दी-जल्दी सब कुछ होता है।"

"वहाँ सबसे ज्यादा लोग रहते हैं तो दाइयों को भी तो सारे घरों में काम करने के लिए जल्दी-जल्दी काम करना पड़ना होगा।" महादेव ने कहा।

"मेरे चाचा तो कहते हैं कि वहाँ लोकल ट्रेन भी बहुत जल्दी-जल्दी चलती है। एक सेकेंड भी देर हुई कि ट्रेन छूटी।"

"अच्छा!" महादेव ने कहा।

"देर मत करना, वरना मुम्बई में अकेले ही छूट जाओगे।" किसी ने छेड़ते हुए कहा।

तब तक इन लोगों की ये बातें काफी बोझिल हो गयी थीं। लोग काफी ऊबने लगे थे। कुछ को नींद आ रही थी। महादेव इसी बात में खोया था कि इतनी फास्ट लाइफ क्यों है? क्यों लोग जल्दबाजी में रहते हैं? क्या वे भी घर की झंझटों की वजह से स्कूल में मेरी तरह प्रार्थना के लिए देर से पहुँचते होंगे या फिर पापा की तरह ऑफिस के लिए देर से जाते होंगे। ट्रेन काफी तेजी से चलती है फिर भी! लेकिन महादेव इस बात से ज्यादा फिक्रमंद था कि उसे कहीं देर न हो जाये, वरना ट्रेन छूट जायेगी और अगर ट्रेन सचमुच छूट गयी तो उसका इस अजनबी शहर में क्या होगा? कहाँ जायेगा? खो गया तो...?

फिर खाने की बारी आती है, सभी खाना खाने लगते हैं। किसी को दाल अच्छी लगती है तो किसी को रोटी। मिठाई सबको पसन्द है, लेकिन एक-एक ही रसगुल्ले सबको मिलते हैं। सेवईं खूब है, जो जितना खा सके। सैफ तो सेवईं का दोना उठाकर ही मुँह से लगाने की कोशिश करता है, लेकिन वह मुँह पर सीधा नहीं लगता और गिर जाता है। ये वाक्या कई बार हो जाता है। मैडम ने सैफ को डाँटते हुए सबको ये वाकया सुनाया तो राहिल ने हँसकर कहा कि 'वाह, मुँह भी नहीं दिखता।' लेकिन दिखता तो किसी को कुछ भी नहीं है। पर महादेव और दूसरे लोगों को तो तकलीफ नहीं होती। सीधा मुँह तक ही निवाला जाता है। अच्छा, तो सैफ को उसकी मम्मी बहुत प्यार करती है। वह ही इसे खाना खिलाती है। इसलिए सैफ सिर्फ ये जानता है कि खाना मुँह से खाते हैं, लेकिन इसे इसका अन्दाजा नहीं कि उसका मुँह कहाँ है। पर महादेव तो बड़े ही मजे से सेवईं खा रहा था।

"अन्धे की टाँग टूट गयी, लेकिन क्या रात के वक्त दवा खाने की कोशिश भी नहीं हो सकती।" मम्मी जोर से चीखती हुई महादेव के पास आती है और पास के मेज पर दवा और पानी का गिलास पटककर चली जाती है। महादेव अचानक अँधेरी गुफाओं से बाहर निकलता है। अनुभव के थपेड़ों में हलचल करती निगाहें भावशून्य आँखों में सिमट जाती है और यादों का मुम्बई सफर मेज पर

आकर रुक जाता है। एकदम शान्त, गम्भीर और स्थिर सा। वह मेज पर दवा ढूँढते हुए सोचने लगता है कि इस वक्त अगर सैफ के पाँव टूटे होते तो उसकी मम्मी उसे खुद ही दवा खिलाती और प्यार भी करती।

महादेव के पैरों में गीलापन बढ़ने लगा था। पैर भी शायद भारी हो गये थे। जरूर खून बह रहा है। इसका एहसास पूरी तरह से उसकी वेदना पर टिक जाती है। वह डर जाता है, पैरों को समेटने लगता है कि कहीं वह गिर न जाये, सफर की तरह... मुम्बई जाने के दौरान महादेव की बर्थ नीचे वाली थी। बीच वाली शिखा मैडम की। लेकिन रात में मैडम को देर तक नींद ना आने की वजह से उन्होंने महादेव को सामने वाली बीच की बर्थ में सैफ के साथ ही सुला दिया था। सैफ महादेव पर हाथ-पाँव रखकर पसर गया था। इससे वह घबराकर दूसरी तरफ खिसक गया। इसी चक्कर में वह नींद में नीचे गिर पड़ा। काफी चोट आयी थी, लेकिन मुम्बई जाने के उत्साह में इसका एहसास ही नहीं हुआ। अब रात के वक्त इस चोट का दर्द महसूस हो रहा था। दर्द की अनुभूति बढ़ रही थी। आसमान का कालापन बढ़ता जा रहा था। कालापन जितना बढ़ता जाता, तारे उतने ही चमकते जाते। गुफाओं के अन्दर से होकर मुम्बई का सफर भी उतनी ही रफ्तार से आगे बढ़ रहा था।

उसके साथी सुबह ट्रेन में काफी देर से जगे थे। फिर भी, अपने साथियों की तुलना में वह जागते हुए भी तरोताजा था। कालापन काफी बढ़ गया था। मुम्बई के एहसास से ही निगाहों में चमक बढ़ गयी थी। मायानगरी मुम्बई, गेटवे ऑफ इंडिया, देश की आर्थिक राजधानी मुम्बई, दाई, कड़कड़ाते नोटों का शहर मुम्बई, समंदर...

"क्यों महादेव कैसे गिर पड़े?" साथियों ने उठते ही छेड़ना शुरू कर दिया था।

"रात में इसे सपना आया कि यह हवाई जहाज से सफर कर रहा है। इसे जोरों से हवा लगी। इसे लगा कि यह समंदर के ऊपर से गुजर रहा है, जैसे ही समंदर खत्म हुआ, यह मुम्बई में कूद पड़ा, हा-हा-ऊ-हा।" अट्टहास मारते हुए साथियों ने मजे लेने शुरू कर दिये।

लेकिन महादेव सचमुच रात में ठीक से सो ही कहाँ पाया था। सफर बढ़ता जा रहा था। मुम्बई के पास आने का एहसास भी। गुफा पास आ रही थी, काला...और काला... जितना पास जाता, कालापन बढ़ता जाता। वह खुश होता। मुम्बई पास आ रही है। पहली गुफा, दूसरी गुफा, तीसरी गुफा... स्याह कालेपन की धुरी थोड़ी नजदीक आती जा रही है। इस कालिमा में काजल की चमक दिखाई देने लगी है। मुम्बई पास आ रही है। महादेव शायद अर्धनिद्रा में ही कुछ ढूँढ रहा है। मुम्बई देखने के लिए... मायानगरी मुम्बई, गेटवे ऑफ इंडिया, देश की आर्थिक राजधानी मुम्बई, कड़कड़ाते नोटों का शहर मुम्बई, समंदर... तभी मैडम की आवाज सुनाई पड़ी की जल्दी से मुँह धो लो, फ्रेश हो लो... नहीं तो पानी खत्म हो जायेगा। लग

रहा था मुँह धोते-धोते पानी खत्म हो जाये और स्नान करने के लिए बाकी न रहे। बस, मुम्बई आ जायेगी। कितने उत्साह से मुँह धोया था। सैफ के मुँह धोने की बात पर कितना मजा आया था, जब मैडम ने बताया कि उसके ब्रश दाँतों से ज्यादा उसके चेहरे को धो रहे थे।

चहल-पहल काफी बढ़ गयी थी। लोग थोड़े बढ़ गये थे। बीच-बीच में 'परदेसी जाना नहीं' का गाना भी सुनाई पड़ रहा था। साथ ही खाने के लिए कुछ पैसे माँगने की आवाजें भी। मैंने फटाफट जेब में हाथ डालकर नोट टटोल लिए थे। पचास की कड़की नोट, जो मम्मी ने पापा से लड़कर दिये थे, जिससे मुझे मम्मी के लिए दाई ढूँढकर लाना था।

मैडम ने बताया कि मुम्बई आने में अभी दो-तीन घण्टे और लगेंगे, तो सारे बच्चों ने कैसी आह भरी थी कि दो-तीन घण्टे और! बीस घण्टे बीतने में तो ज्यादा वक्त नहीं लगा। लेकिन ये दो-तीन घण्टे बीतने में ना जाने कितना वक्त लगा रहे थे। मुम्बई को ये लोग पूरी तरह से महसूस करना चाह रहे थे। इस समय इनकी चारों इन्द्रियाँ पूरी तरह से काम कर रही थीं। अमूमन आदमी पाँचों इन्द्रियों में से सबसे ज्यादा काम आँखों से ही लेता है। इसके बाद स्पर्श से, फिर कान से, नाक से और जीभ से लेता है। लेकिन यहाँ तो हर कोई अपनी सारी इन्द्रियों से मुम्बई को बराबर-बराबर महसूस करना चाहता है।

कितना मजा आ रहा था। बेसब्री से इन्तजार करना। कभी-कभी दाइयों के कपड़े धोने की आवाजें बढ़ जातीं, तो हमारी धड़कन भी तेज हो जाती। हर बोगी में बहुत सारी दाइयाँ मुम्बई जा रही हैं। ट्रेन की खिड़की से हवा के झोंके आने भी तेज हो गये थे। कुछ को ठण्डी हवा भी लगने लगी थी। तभी एक लम्बे पुल से ट्रेन गुजर रही थी कि किसी ने बताया कि समंदर आ गया। यानी की मुम्बई आ गयी। लेकिन वहाँ गन्दगी साफ करने वाले ने बताया कि यह तो बड़ा तालाब है, समंदर नहीं। अब लोगों को ठण्डी हवा का एहसास नहीं हो रहा था। पर बार-बार ये सोचकर उत्तेजित हो जाते कि कब समंदर आयेगा और मुम्बई आयेगी। अगर यह आ भी गया तो बताएगा कौन? किसी ने फिर से झूठ कहा तो आने से पहले ही उसकी आबोहवा कैसे महसूस कर पायेंगे? सच कैसे पता चलेगा?

नयी बहस शुरू हो गयी थी। मुम्बई कैसी है? सैफ ने चॉकलेट खाकर उसके कागज को समेटते हुए कहा, "मुम्बई बहुत बड़ी है।"

"मुम्बई बहुत फास्ट है।" बर्थ से गिरकर चोट खाये महादेव ने कहा।

"मुम्बई ऐसी है... मुम्बई वैसी है..."

"मुम्बई बहुत रंग-बिरंगी है, कभी रात नहीं होती।"

सारे कोण पर तो बातचीत हो चुकी थी, लेकिन 'रंग-बिरंगी' शब्द पर आकर

मामला फँस गया। आखिर रंग-बिरंगापन होता क्या है?

"रंग-बिरंगी का मतलब काला होता है।" किसी ने कहा।

"नहीं, फिर वह कैसे रंग-बिरंगी हुई, इसका मतलब फूल होता है, जो बहुत बढ़िया होता है, जिसमें बहुत अच्छी महक होती है।" क्लास की ही एक लड़की ने कहा।

"हाँ, हाँ"—सबने कहा, "लेकिन मुम्बई तो फूल नहीं होती?"

अब सवाल खड़ा हो गया कि मुम्बई आखिर किस रंग की है।

"मुम्बई हरे रंग की होगी," सैफ ने कहा, "क्योंकि हरा रंग बहुत अच्छा होता है। मेरी माँ हमेशा हरे रंग की ही साड़ी पहनती है। इसके अलावा पापा भी हमेशा माँ को कहते रहते हैं कि जब देखो हरे रंग के ही कपड़े खरीद लेती हो। मुम्बई आते समय भी मेरे लिए हरे रंग के ही कपड़े सिलवाए थे।" लेकिन दूसरे लोग इससे ज्यादा सहमत नहीं हुए।

"मुम्बई लाल रंग की होगी।" महादेव ने कहा, "क्योंकि लाल रंग ही बढ़िया होता है तभी तो अभिषेक पचास रुपये में लाल रंग का ही बैट खरीद लाया।" इतना कहते ही वह ध्यान लगाने की कोशिश करता है कि आखिर लाल रंग कैसा होता होगा। इससे पहले जब अभिषेक ने उसे चिढ़ाने के लिए लाल रंग का जिक्र किया था तो उसने अनसुना कर दिया था। अब वह जितना जानने के लिए अपने दिमाग पर जोर देता, आँखों के भीतर कालापन ही बढ़ता। वह और जोर देता है तो उसका पूरा ध्यान लिखने वाली मशीन पर चला जाता है, 'ल' कहते ही खटर-पटर की आवाज के साथ उसकी उँगली तीसरी लाइन के छठे नम्बर बटन पर चली जाती है। फिर आकार के लिए पहली लाइन के तीसरे बटन पर। उसके बाद 'ल' में तीसरी लाइन के छठे नम्बर के बटन पर।

इसी दौरान महादेव को ध्यान आया कि वह अपने साथ मामा का दिया हुआ चश्मा भी लाया है। मामा ने कई महीने पहले दिया था। उन्होंने देते वक्त कहा था कि यह चश्मा चमचम करता है। इसलिए पहनने के बाद उसे कोई भी अन्धा नहीं कहेगा। महादेव चश्मा पहनने की जुगत कर रहा है।

लेकिन मण्डली में मुम्बई के रंगों पर चर्चा जोरदार हो चली थी। सुनयना ने मुम्बई के लाल रंग होने पर भी आपत्ति की तो किसी ने सुनी-सुनाई बात कही कि सड़क के किनारे भी लाल रंग के बल्ब लगाए जाते हैं। इसे देखकर गाड़ियाँ भी रुक जाती हैं। इस बात में दम था। लेकिन 'रंग-बिरंगी' में तो कई रंग होते हैं। फिर मुम्बई सिर्फ लाल रंग की कैसे हो सकती है।" महादेव भी इस बात पर सहमत था। तभी सुधांशु ने कहा कि मुम्बई तिरंगा झण्डा की तरह होगा, झण्डा में तीन रंग होते हैं। केसरिया, हरा, सफेद... मुम्बई क्या इससे भी ज्यादा रंगीन होगी। यानी, और भी बहुत सारे रंग? इस बात पर सबकी सहमति हो गयी कि

मुम्बई में हरा, लाल, केसरिया सभी रंग होंगे। तभी वह रात में भी रंग-बिरंगी होती होगी, फूल की तरह। लेकिन फूल मुलायम होता है और मुम्बई.. पता नहीं... एक जिज्ञासा जिसे वहीं जाकर देखा जा सकता है।

ट्रेन में भीड़ थोड़ी बढ़ने लगी थी। कुछ-कुछ धक्का-मुक्की भी। लेकिन इससे अन्धों की मण्डली के उत्साह में कोई कमी नहीं आ रही थी। आखिर सबसे ज्यादा आबादी वाले शहर में जा रहे हैं। कब पूरी ट्रेन लोगों से भर जाये... और अँधेरा बढ़ता ही जाये... सिर्फ पैर रखने की ही जगह बचे। चारों तरफ तारे-ही-तारे दिखें ... और तेजी से चमकते तारे, अँधेरा, घोर अँधेरा... लो, अब तो इतनी भीड़ है कि हाथ उठाने पड़ रहे हैं। लेकिन लोग कितने खुश हैं, कोई गम नहीं, अब तो शायद मुम्बई बिल्कुल पास आ गयी है। हाँ, ठण्डी हवा भी लगने लगी है। समंदर भी लगता है, पास आ गया।

उत्तेजना और बढ़ती जा रही थी। महादेव की उत्तेजना जैसी। लेकिन महादेव को जोरों से पेशाब लगा है। शायद वह उत्तेजना में काफी देर से पेशाब नहीं गया है। वह पेशाब करके लौट रहा है। लेकिन उत्तेजना में कोई कमी नहीं। वह होश में तब आता है जब किसी से टकराकर गिर जाता है।

"अन्धे हो क्या, दिखता नहीं।" सामने वाला व्यक्ति चीखता हुआ कहता है।

लेकिन महादेव डगमगाते हुए अपने चश्मे को उठाने की कोशिश करता है तो महसूस करता है कि चश्मा टूटकर बिखर गया है। चश्मा गिरने के बाद वही व्यक्ति, "अगर अन्धा ही हो तो चश्मा काहे को लगाते हो। सामने वाले को पता तो चल जायेगा और आराम से साइड होकर चलेगा।" तभी बगल से एक महिला की आवाज आती है कि 'बेटे जूते पहन लो, मुम्बई में ट्रेन घुस गयी है।' महादेव टूटे हुए चश्मे के बिखरे हुए वजूद को सहेजने का प्रयास करता है। ट्रेन अब गुफाओं से मुम्बई में घुस रही है।

मैडम की आवाज सुनकर सब अपनी-अपनी बर्थ के पास जाते हैं। मैडम कह रही थीं, "पहले सब लोग उतर जायें तो फिर हम लोग आराम से उतरेंगे।"

अन्धों की पूरी मण्डली भी मुम्बई में पहले उतरना चाह रही थी, लेकिन मैडम हैं कि आराम से उतरने के लिए कह रही थीं। जब सब कोई उतर गया तो फिर सबसे अपने-अपने सामान टटोलकर देखने के लिए कहा गया। महादेव ने भी अपने छोटे से बैग में चश्मे के टूटे फ्रेम को डालते हुए उसे कसकर पकड़ लिया। इसके बाद अचानक उसका हाथ अपनी जेब में गया तो पता चला कि जेब में कड़कड़ करने वाले पचास के नोट तो हैं ही नहीं। वह घोर अँधेरे में चीख रहा था। लेकिन ट्रेन सीटी बजा रही थी। दाइयों ने भी कपड़े धोना छोड़ दिया था। मुम्बई आ गयी है। गेटवे ऑफ इंडिया का शहर मुम्बई, हीरो-हीरोइनों का शहर मुम्बई, समंदर का शहर मुम्बई, दाइयों का शहर मुम्बई, देश की आर्थिक राजधानी, हाँ! कड़कड़ाते

नोटों का शहर मुम्बई। सभी अपने-अपने सामान को समेट रहे थे। महादेव भी छोटे से बैग को अपने सीने में दबाए चला जा रहा था।

अभिषेक कमरे में महादेव को जोर-जोर से हिलाते हुए कह रहा है कि आज मामा आने वाले हैं, लेकिन महादेव दाई को ढूँढ रहा है। मुम्बई में बाथरूम में भी समंदर का पानी आता है, वह कपड़े धोते दाई के हाथों को ढूँढ रहा है। लोग एक-दूसरे के हाथों को पकड़कर घूमने के लिए निकले हैं। लेकिन मम्मी का सिर दबाने वाली दाई का हाथ कहाँ! सड़क पर धीरे-धीरे किनारे-किनारे चल रही है टोली, महादेव उस छेद वाली साड़ी को ढूँढ रहा है। लेकिन मुम्बई में दाई कहाँ गयी? यहाँ नया क्या है, अलग क्या है? बच्चे बार-बार मैडम से पूछ रहे थे कि मुम्बई कहाँ है... मायानगरी मुम्बई, गेटवे ऑफ इंडिया, देश की आर्थिक राजधानी मुम्बई, कड़कड़ाते नोटों का शहर मुम्बई, समंदर... अँधेरी गुफाएँ बढ़ती जा रही हैं। मुम्बई सचमुच की आ गयी है... भीड़... ट्रेन, किनारे की सड़क... बाथरूम में समंदर का पानी... हाँ लोगों का हाथ उठाकर खड़ा होना, कड़कड़ाते नोटों को कहीं दाऊद तो छीनकर नहीं ले गया। नहीं, चुपचाप ले गया। लेकिन मुम्बई में ठण्ड कहाँ बढ़ी है? गर्मी और उमस ही तो लग रही है?

आज मुम्बई की लोकल ट्रेन में वे सफर कर रहे हैं। सांताक्रूज से चर्च गेट पहुँचकर, फिर वहाँ से गेटवे ऑफ इंडिया जायेंगे। सब लोग हाथ पकड़े हुए अँधेरे में बढ़ रहे हैं। भीड़ बढ़ती जा रही है। महादेव को दाई के छेद वाले कपड़े मिले। लेकिन यहाँ तो ज्यादातर लोगों के कपड़ों में छेद है... और कपड़े हैं ही कितने, छेद ही छेद हैं... काली गुफा में गाड़ी रुक गयी है। वह अब अपने कड़कड़ाते नोट और दाई दोनों को ही ढूँढ रहा है... ट्रेन तो अब भी हिल रही है, लेकिन उसके पाँव एक गहरी खाई में फँस गये हैं... भीड़ में गिर गया है, लगता है उसके पाँव में फ्रेक्चर आ गया है। लोग उसके पाँव को ही निकाल फेंकना चाहते हैं ... लेकिन वह किसी गहरी खाई में उतरने की कोशिश करता जा रहा है। दाऊद को ढूँढने की फिक्र में।

घर में अभिषेक शोर मचा रहा है... "मामा आ गये, मामा आ गये।" मामा मम्मी से पूछ रहे थे, कि "महादेव तो मुम्बई घूमने दस दिन के लिए गया था, इतनी जल्दी कैसे आ गया?"

"हाँ, मुम्बई तो पूरा घूम ही लिया, अपने साथ भी ले आया है हम सबको दिखाने!" मम्मी की आवाज जोरों से गूँज रही थी।

अब पाँव के अँधेरे गड्ढे भरने लगे थे। गीलापन महसूस होने लगा था। मम्मी की आवाज जोरों से गूँज रही थी।

(अमृतलाल नागर पुरस्कार (प्रथम) से सम्मानित)

चौथा कन्धा

दतुनिया बहुत खुश था। कड़ी दुपहरी में भी वह अपना सारा चिनिया बादाम, पिड़किया और तले हुए चने बेच डालेगा। पुराने, खराब घुन लगे चने के भी बिक जाने की उम्मीद थी। उत्साह से लबालब वह अपने छोटे से गाँव की तरफ बढ़ा जा रहा है। कदम उसके तेजी से उठ रहे हैं और प्लास्टिक के पुराने जूते से कचर-कचर करती हुई आवाज भी निकल रही है। रास्ते में कई लोग उसे मिलते हैं। वह हर किसी से ट्रेन दुर्घटना का जिक्र कर रहा है और बेचैन होकर सभी से कह रहा है कि रसिया अपने बड़े बेटे भकुआ के साथ ट्रेन से कटकर मर गया है। छुटंकी अभी भी तड़प रहा है। इसके बाद लोग कोई दूसरा सवाल पूछते तो वह यही कहता कि जाकर देख लो, कैसे खून के छींटे चारों तरफ फैले पड़े हैं। वह यही सोच रहा था कि अगर पूरी घटना बता ही दे तो लोग देखने ही क्यों जायें? हालाँकि बातचीत के दौरान वह यह जरूर बताता कि ट्रेन अभी भी खड़ी है और पूरा गाँव वहाँ जुटा हुआ है। लेकिन दतुनिया ने खुद कहाँ देखा था एक्सिडेंट! दतुनिया ही क्यों, किसी को भी इसका पता कहाँ चल पाया था, वे लोग तो बस ट्रेन को निहार रहे थे और मस्ती में मशगूल थे कि देखो विकास अपने गाँव के करीब से होकर गुजरा है। ट्रेन ने इस धरती को दस्तक दे दी है। बस दो-ढाई महीने ही हुए होंगे कि इस गाँव से होकर ट्रेन गुजरी है। हालाँकि, ट्रेन को दूर से ही जाते देखकर उन लोगों को अफसोस भी होता था कि ट्रेन का ठहराव इस गाँव में नहीं है। अभी भी शहर जाने के लिए गाँव वालों को कम-से-कम सात किलोमीटर पैदल चलकर दूसरे गाँव से बस पकड़नी पड़ती है। वह बस भी शहर जाने के लिए सुबह ही मिलती है और गाँव आने के लिए रात में जबकि ट्रेन गाँव से महज एक किलोमीटर की दूरी से ही गुजरने लगी है। लोगों को भरोसा था कि एक दिन गाँव में भी ट्रेन का ठहराव जरूर होगा।

ट्रेन जब भी यहाँ से गुजरतो तो उसकी आवाज गाँव तक पहुँचती। गाँव के लोग जब भी इधर से गुजरते तो जरूर कोशिश करते कि कम-से-कम ट्रेन देखकर ही यहाँ से जायें। रेलवे की एक हो लाइन बिछी थी तब भी हर घण्टे किसी-न-किसी तरफ से ट्रेन गुजरती ही थी। लेकिन कभी-कभी लोगों को घण्टों इन्तजार करना

पड़ता था। वैसे लोगों के लिए सुविधा यह थी कि जिस ऊँचाई से ट्रेन की पटरी गुजरी थी उसके ठीक नीचे में माँ दुर्गा का मन्दिर था, लेकिन यह नाम तक ही सीमित था क्योंकि उस मन्दिर में हनुमानजी की पूजा ज्यादा होने लगी थी। लोग मंगलवार या शनिवार को हनुमानजी की पूजा करते थे। दतुनिया शनिवार को ही पूजा करता था। वह भी दोपहर में क्योंकि उस समय लोग कम होते थे और वह बड़े आराम से पूजा कर लेता था।

दुर्गा मन्दिर के प्रति गाँव के लोगों की काफी आस्था थी। यह आस्था तब और प्रगाढ़ हो गयी जब ट्रेन वहाँ से गुजरने लगी। जब यहाँ ऊँचा टीला बनाकर पटरियाँ बिछाने का काम शुरू हो रहा था, तब इन्हीं लोगों ने इसका विरोध किया था कि मन्दिर की जमीन के पास कुछ नहीं होना चाहिए। इससे भी बड़ा विरोध यह कि मन्दिर के पास पटरी बिछाने के लिए जमीन जिस तरह से ऊँची की जा रही थी वह लोगों को पच नहीं रहा था। उन्हें डर था कि अगर ट्रेन और उसमें बैठे लोग मन्दिर से भी ऊँचा होकर चलेंगे तो बड़ा अनर्थ हो जायेगा, लेकिन वक्त के साथ काफी कुछ बदल गया था। लोगों को यह चीजें अच्छी लगने लगी थीं। गाँव के लोगों को ट्रेन की आवाज मन्दिर की घण्टी-जैसी लगती। मानो कोई एक सुर में इसे बजा रहा हो। गाँव के कुछ लोगों ने इसे अपने पूजा के विधि-विधान में भी शामिल कर लिया था। शाम के समय ट्रेन की सीटी सुनाई पड़ते ही लोग इसे शुरू करते फिर करीब घण्टे भर बाद दोबारा सीटी बजने के बाद ही पूजा खत्म करते। गाँव के लोग जब मन्दिर में पूजा करने जाते तो पुजारीजी से छुक-छुक करती रेल के बारे में पूछना नहीं भूलते।

शनिवार के दिन दतुनिया भी भगवान के दर्शन करने जा रहा था। उसके अन्दर ट्रेन देखने की इच्छा भी प्रबल थी। वह सप्ताह में सिर्फ एक बार पूजा के दौरान ही रेल देख पाता था, वह भी दो बार बीमार होने की वजह से पूजा करने आ नहीं पाया था और ट्रेन भी नहीं देख पाया था। जबकि गाँव में इस बात पर होड़ लगी थी कि किसने कितनी बार ट्रेन देखी है। वैसे एक-दो लोगों ने ट्रेन में सफर भी किया था। ऐसे लोगों की मन्दिर के पुजारी से भी ज्यादा पूछ थी।

दतुनिया काफी भाग्यशाली था क्योंकि ट्रेन देखने के लिए उसे देर तक इन्तजार नहीं करना पड़ा बल्कि उसके पटरी के पास पहुँचने से पहले ही अल्हड़ मस्तानी ट्रेन ठिठोली करती हुई आ रही थी। छुक-छुक के साथ ही वह दूर से सीटी भी बजा रही थी, लेकिन ये क्या... अचानक ही चलते-चलते ट्रेन रुक गयी। ट्रेन के रुकते ही वह तेजी से ऊधर भागने लगा। शायद वह ट्रेन को छू ले, लेकिन उसने देखा कि आस-पास के लोग भी भागकर वहाँ जा रहे हैं। उसे याद आया कि एक बार और उसने ट्रेन छुई थी, करीब एक महीने पहले, जब ट्रेन ने दो गायों को टक्कर मार दी थी। लेकिन क्या इस बार भी ट्रेन ने दो गायों को टक्कर मार दी

है? यह सोचकर वह प्रफुल्लित हो गया। अचानक ही वह सोचने लगा कि बहुत ही शुभ मुहूर्त आया है। वैसे तो वह धार्मिक इन्सान था, लेकिन जहाँ फायदे की बात हो, वहाँ इन बातों का कोई अर्थ सन्दर्भ नहीं होता, क्योंकि वह मानता था कि गाय हो या कुछ भी, हर किसी को एक-न-एक दिन मरना होता है।

दतुनिया वहाँ कुछ ही पल में पहुँच जाता है। उसके साथ ही आस-पास के चार-पाँच लोग भी पहुँच जाते हैं। वहाँ उसने देखा कि पटरी के पास खून के छींटे फैले हुए हैं। साथ ही गौर करके देखा तो पाया कि रसिया का मृत शरीर पड़ा है। उसकी साइकिल का अंजर-पंजर टूटकर बिखरा पड़ा है। उसका एक बेटा भकुआ का शरीर भी भयावह तरीके से खून से लथपथ है। जबकि दूसरा बेटा छुटंकी तड़प रहा है। उसे बचाने के लिए लोग अफरा-तफरी में चीखने लगे हैं। कोई गाँव से वैद्य बुलाने की गुहार करने लगा। यह सब देखते ही दतुनिया को सारा माजरा समझ में आ गया। उसने कहा, "हम वैद्य के बुलाए ले जा रहल हियो, तू सब एकर ध्यान रखियों।"

दतुनिया वहाँ से तुरन्त निकल पड़ता है। उसके जेहन में एक बार फिर से एक महीने पहले हुई रेल दुर्घटना की यादें ताजा हो जाती हैं, जिसमें दो गायें मरी थीं। इसके बाद ट्रेन काफी देर तक रुकी रही थी। ट्रेन के लोग खुद ही कुछ लिख-पढ़ रहे थे। इस पर उसे काफी आश्चर्य हुआ। उस समय चनुआ ने बताया था कि गाय या बैल ट्रेन से कटकर मर जाये तो ट्रेन को रोककर उस पर रिपोर्ट लिखा जाना जरूरी है। उसने इसकी वजह बताई थी कि ऐसी ही एक घटना गुजरात के किसी एक शहर में हुई थी जिसमें ट्रेन से कटकर एक गाय मर गयी थी। ट्रेन के चले जाने के बाद जब लोगों ने मरी गाय को देखा तो उन्हें लगा कि मुसलमानों ने जान-बूझकर गाय को मारकर पटरी पर फेंक दिया है। उसके बाद वहाँ हिन्दू-मुसलमानों के बीच दंगा हो गया। इस घटना की सरकार ने जाँच कराई तो पता चला कि गाय ट्रेन से कटी थी।

खैर, जब ट्रेन रुकी तब तक वहाँ करीब-करीब पूरा गाँव जमा हो गया था। उस समय दतुनिया भी वहाँ तमाशबीन था और पूरे माजरे को देखने और हल्ला-गुल्ला करने में लगा हुआ था। लेकिन इस दौरान चनुआ तुरन्त अपने चने की टोकरी को लेकर आ गया था। काफी हंगामे के बाद वहाँ से ट्रेन गयी थी। इस दौरान वहाँ लोगों को भूख भी लग गयी थी। ट्रेन देखने के चक्कर में गाँव के बच्चे भी जमा हो गये थे। जिन्हें काफी देर तक खड़े रहने और उछल-कूद मचाने के कारण भूख लग आयी थी। ऐसे में कोई घर जाये तो खाना बनाने में कम-से-कम एक-दो घण्टे तो लग ही जाते। उस समय चनुआ ने जमकर भूने चने और पिड़किया बेचीं। वह भी दोगुने-तिगुने दाम पर। खरीदने वालों का ताँता लग गया था जबकि उसके पास सामान कम पड़ गया था। इस घटना से चनुआ के पास काफी पैसे जमा

हो गये। कुछ ही महीने में उसने ठेला भी खरीद लिया।

इस पूरे वाकये से दतुनिया काफी निराश हुआ था। दरअसल दतुनिया ने दातुन बेचना छोड़ कुछ ही दिन पहले भूने चने और दूसरी चीजें बेचनी शुरू की। ऐसे में उसे पता ही नहीं था कि कैसे मौके पर किस तरह से अच्छी बिक्री की जा सकती है, लेकिन इस बार दतुनिया किसी भी तरह इस मौके को गँवाना नहीं चाहता था, इसलिए कोई वहाँ से हटे, इससे पहले ही वह वहाँ से चल पड़ा अपनी टोकरी लाने के लिए। वहाँ से चलते समय हालाँकि उसने ट्रेन को छू लिया था।

रास्ते में उसने हर शख्स को इस घटना के बारे में बढ़ा-चढ़ाकर बताया। कहीं चिन्तित होकर तो कहीं चटकारे लेते हुए, लेकिन हर किसी को यह जरूर बताता कि ट्रेन वहीं रुकी हुई है। रास्ते में लोग इस बारे में और सवाल पूछते और तसल्ली से पूछते कि कौन मरा है और कैसे मरा है? हालाँकि रसिया के मरने की जानकारी उसे ट्रेन रुकने के बाद वहाँ जाकर देखने पर हुई, मगर वह ऐसे बता रहा था मानो उसकी मौत का वह अकेला गवाह हो। एक-दो जगह लोग वहाँ जाने के लिए तैयार होते तो दतुनिया काफी खुश हो जाता, लेकिन एकाध जगह उसे ये भी सुनने को मिली कि 'अरे ट्रेन नहीं रुकी होगी, बल्कि वहाँ से चल दी होगी।' यह सुनने पर दतुनिया को काफी दुःख हुआ, लेकिन वह कुछ नहीं कह पाया।

गाँव पहुँचने के दौरान कई दूसरे चने बेचने वाले मिले, लेकिन उसने उन लोगों को इस बारे में कुछ नहीं बताया, बल्कि पूछने पर झूठ बोल दिया, कि 'मैं तो वहीं था, ऐसा तो कुछ भी नहीं हुआ। वहाँ ट्रेन रुकेगी क्या, बल्कि और भी तेजी से चली गयी। मानो हवाई जहाज जैसी उड़ रही हो।' कई लोगों से बातचीत करते-करते गाँव पहुँच चुका दतुनिया असमंजस में पड़ गया कि पहले वैद्य साहब के घर जाये या फिर अपने घर से सीधी टोकरी लेकर निकल पड़े। उसने सोचा कि अगर वैद्य साहब के बगैर ही वह वहाँ पहुँच गया तो लोग काफी गुस्सा हो जायेंगे और मारपीट न करने लगें, इसलिए उसने सोचा कि जल्दी से वैद्य साहब को जानकारी देकर वो वहाँ से चल पड़ेगा।

दूर से ही उसने कहा, "वेद साहब, वेद साहब, जल्दी दरवजवा खोल।"

"कि बात है रे दतुनिया, काहे ल चीख रहल हीं?"

"वेद साहब मंदिरवा चल, हुआं ट्रेन रुकल है।"

"अच्छा, लेकिन काहे ला?"

"हुआं रसिया ट्रेन से कटके मर गयल।"

"तो हम काहे ला जिये?"

"ओकर बड़का लड़कवा भकुआ भी मर गयल ओर छुटंकी तड़प रहल हय, तो हुआं सब हमरा बोले लगलै कि वेद साहब के बुलाव। ऊ इलाज करतै तभे बचतै।"

"अरे इलाज की खाक करबै, रसिया तो मरिये गयल, छुटंकी के इलाज के पैसवा के दतै, तू दभीं?"

"अरे वेद साहब तू चलहीं तो सही, हुआं ट्रेनवो रुकल हय, लोग पता नय कि पढ़ा लिखी कर रहल हय।"

"हों! छुटंकी के खातिर ट्रेनवा रुकल होतय!" लेकिन इतना सुनने की फुरसत है किसे? अपनी बात एकटक कहकर दतुनिया वहाँ से भाग खड़ा हुआ। फटाफट अपने घर पहुँचकर उसने अपनी टोकरी समेटी, उसमें सारे चिनिया बादाम और भूने चने रख लिये। कच्चे चने, आधा पके चने। उसने वह चना भी रख लिया जो खराब हो गया था और जिसे पिछले कई दिनों से कोई खरीद नहीं रहा था। उसे उम्मीद थी कि आज सारा माल बिक जायेगा। फटाफट उसने अपनी टोकरी को समेटा, गमछा लपेटा और वहाँ से चल दिया।

रास्ते में चलता हुआ वो बेतहाशा दौड़ा जा रहा था। लेकिन जो कोई भी मिलता उसे वह घटना के बारे में जरूर बताता। साथ ही ये भी कहता कि ट्रेन रुकी हुई है। अचानक उसे चनुआ मिल गया।

"का रे दतुनिया, कहाँ जा रहल हीं, इ दुपहरिया में।"

"कहीं नय, कहाँ जिबौ।"

"मथवा में चनवा के टोकरिया लादले हीं और कहों ही की कहीं न जा रहल हीं? हमरा लग रहलो कि तू मन्दिरवा के पास जा रहल हीं।" दतुनिया को इस बात का अन्देशा नहीं था कि वह मन्दिर जाने की बात कहेगा। उसे अचानक से डर लगने लगा कि कहीं इसे भी न पता चल जाये कि वहाँ रसिया मर गया है और ट्रेन रुकी हुई है।

"मंदिरवा काहे ला जिबेय?" दतुनिया ने अपनी भवें सिकुड़ाते हुए कही।

"वहाँ रसिया मर गले हय ने, ओकर बेटवा भी मरले हय।"

यानी चनुआ को इस हादसे के बारे में पता है। दतुनिया यह सोचता हुआ परेशान हो गया कि इसको अगर पता ही है तो फिर ये क्यों जल्दबाजी में नहीं है? क्या इसे कमाने की फिक्र नहीं है? या फिर क्या इसने अचानक से चना बेचना छोड़ दिया है या कि ये पहले से ही सबको बेच आया?

"हों हुएं जा रहल हिये, पर तू न जा रहल हीं की?"

"वही, तो हम ठीके समझ लिये, पर तोरा हुआं कोय न मिलतो।"

"काहे न मिलतय, गयवा मरले तो केतना भीड़ भले हलेय!"

"तब गयवा ने मरले हलय, पर इ बार कोय न होतौ। ट्रेनवा भी चल गले होतय। तब हुआं के ठहरतय?"

"कैसे ट्रेनवा चल जितय? दु ठो आदमी मर गले हय, गाय मरले हलय तो एतना बडा हंगामा भले हलय। आदमिया मरतय तो हंगामा न होतय।"

"तब धरम के बात हलय, धरम के नाम पर आदमी मर-मार भी सकल हय, लेकिन हियां तो रसिया के लिए बोले वाला के हय। ओकर जनाना ही तो बोलतय और के बोलतय? तू तो बोलभी न। से वास्ते हम कह रहल हियो कि वहाँ जायके कोय फायदा न। तोरा पता नखो कि ट्रेन से कटे के बाद सरकार डलयबर के दोष न दे हय, बल्कि ओकर नीचे आय वाला के दोष रहो हय, तो डलयबर भी काहे के लिए ट्रेन रोकतय। ऊ तो अच्छा आदमी होतय कि रोक के देख ललकौ कि जिन्दा हय कि मर गयल?"

यह सारी बातें दतुनिया को बकवास ही लग रही थीं। वह सोच रहा था कि चनुआ उसे बरगलाने की कोशिश कर रहा है। कहीं उसका चना वगैरह खत्म हो गया होगा, इसलिए वह उसे भी जाने से रोकने की कोशिश कर रहा है।

"ठीक है हुआं न जिबौ।" ये कहते हुए वो वहाँ से चल पड़ा।

उसे चनुआ से बात करके अच्छा नहीं लगा। अभी भी वह लोगों को रास्ते में बता रहा था, लेकिन उत्साह में कमी आ गयी थी। वह बार-बार सोच रहा था कि ऐसा कैसे हो सकता है? गाय के मरने के बाद सारे लोगों का हुजूम इकट्ठा हो जाय और इनसान के मरने के बाद कुछ नहीं? यह सब सोचता हुआ वह वहाँ पहुँचा।

मन्दिर के कुछ करीब जाने के बाद उसे ट्रेन की सीटी सुनाई पड़ी। वह खुश हुआ कि ट्रेन अभी भी रुकी हुई है, लेकिन पास जाकर देखा तो उसके सामने ही एक दूसरी ट्रेन आयी और चली गयी। वह पटरी में उस जगह के पास आ रहा था जहाँ पर दुर्घटना हुई थी। वहीं खून के छींटे अब भी फैले हुए थे। वह अब बिल्कुल करीब आ गया था। घटनास्थल के पास, जहाँ तीनों की लाशें रखी हुई थीं। भकुआ का तो अंग-प्रत्यंग टूटा पड़ा था, लेकिन सब अंगों को समेटकर एक जगह रख दिया गया था। छुटंकी भी मर गया था। रसिया की जनाना एक कोने में फूट-फूटकर रो रही थी। वहाँ रघुआ भी पहुँचा हुआ था जो अपने चने की टोकरी को पास में ही रखकर शव के लिए अर्थी तैयार कर रहा था। गाँव का साहूकार बिरजू भी वहीं पास में था जो उसकी टूटी साइकिल को ठोक-बजा रहा था। मन्दिर के पुजारी भी पास ही में थे जो शायद रसिया के सामानों को समेट रहे थे और मन ही मन भुनभुना रहे थे। इतने में उनकी नजर दतुनिया पर पड़ी तो खुश होकर जोर से कह उठे, "लो चौथा कन्धा आ गया...।

(कादम्बिनी युवा कहानी प्रतियोगिता में पुरस्कृत)

तैंतीस करोड़ लुटेरे देवता

एक साथ तैंतीस करोड़ देवताओं के दर्शन करने की चाहत बड़ी ही शिद्दत के साथ बढ़ती जा रही थी। मेरे परिवार के सभी सदस्य माँ, पापा, पत्नी और मेरे दोनों बेटे सबमें बड़ी उत्सुकता थी... दस साल का सोनू और छह साल का मोनू तो सबसे ज्यादा बेचैन था। वैसे तो हम इतनी दूर वैष्णो माता के दर्शन के लिए निकले थे... लेकिन शुरू से ही मन में कहीं न कहीं ये बात भी थी कि जम्मू में रघुनाथ मन्दिर भी जरूर जाना है। बड़ा नाम सुना था कि दुनिया का एकमात्र मन्दिर है, जहाँ एक साथ तैंतीस करोड़ देवता रहते हैं। मैंने अपने बच्चों को भी इस बारे में काफी बता रखा था, तो वे दोनों भी बहुत ज्यादा उत्सुक थे। यहाँ तक कि दोनों बच्चे वैष्णो माता से ज्यादा रघुनाथ मन्दिर के तैंतीस करोड़ देवताओं के बारे में ही पूछते रहे...

"कैसे रहते होंगे तैंतीस करोड़ देवता एक साथ, वो भी एक ही मन्दिर में!"

"कैसे दिखते होंगे तैंतीस करोड़ देवता?"

"रघुनाथ मन्दिर कटरा के वैष्णो मन्दिर से कितना बड़ा होगा... जब एक भगवान के दर्शन के लिए इतनी दूर से आये हैं और इतना बड़ा मन्दिर है... तो तैंतीस करोड़ देवताओं के लिए कितना बड़ा मन्दिर होगा?"

"जब सारे भगवान रघुनाथ मन्दिर में ही हैं तो फिर लोग दूसरे मन्दिर क्यों जाते हैं...? हम वैष्णो माता के दर्शन करने यहाँ क्यों आये हैं, सीधा वहीं जाकर तैंतीस करोड़ देवताओं के दर्शन कर लेते, उसमें वैष्णो माता भी तो होंगी!"

ऐसे ही न जाने कितने सवाल सोनू और मोनू हम लोगों से पूछ रहा था ... कभी मैं जवाब देता तो कभी पत्नी... और कभी पापा, माँ... लेकिन जवाब देते-देते थक जाते... तो फिर सवाल अनसुना कर देते। सुबह-सुबह ही हम कटरा से जम्मू पहुँचे। होटल में सामान रखा, फ्रेश हुए और शाम के वक्त निकल गये रघुनाथ मन्दिर में तैंतीस करोड़ देवताओं के दर्शन के लिए। मुख्य सड़क पर और मार्केट के बीचों-बीच होने की वजह से एक तो भीड़ बहुत ज्यादा थी। ऊपर से सुरक्षा के तामझाम भी बहुत अधिक थे।

"पापा लगता है, तैंतीस करोड़ देवताओं को देखने के लिए बहुत ज्यादा लोग

आ गये हैं।" मोनू ने मुझसे पूछा, "लेकिन इतने पुलिस वाले क्यों हैं पापा?"

"बेटा चूँकि तैंतीस करोड़ देवता एक साथ रहते हैं, इसलिए उनकी सेवा के लिए ज्यादा लोगों की जरूरत पड़ती है।" मैंने आतंकवादी हमले की बात बताना जरूरी नहीं समझा... ये सुनकर मेरी पत्नी भी मन्द-मन्द मुस्कुरा रही थीं।

इतना सुनते ही मोनू उँगलियों को जोड़कर कुछ सोचने लगा। शायद वो ये समझने की कोशिश कर रहा था कि आखिर तैंतीस करोड़ कितना होता है। वो काफी देर तक सोचता रहा।

"दादा जी, तैंतीस करोड़ कितना होता है।" मोनू ने सोचा होगा कि बार-बार सवाल पूछने की वजह से मैं कहीं गुस्सा न हो जाऊँ, इसलिए दादा जी से ये सवाल पूछ बैठा।

"बेटा तैंतीस करोड़, मतलब... तैंतीस सौ लाख" दादा जी यानी मेरे पापा ने शायद लाख में इसलिए बताया क्योंकि हमारा बिजनेस होने के कारण मोनू कई बार घर में हजार-हजार के नोटों की गड्डी देख चुका है। वो जानता है कि एक गड्डी में एक लाख रुपये होते हैं।

"अच्छा... यानी तैंतीस सौ गड्डी।"

"बिल्कुल ठीक समझे।" मोनू को समझाकर दादा जी को गर्व की अनुभूति हुई। उन्हें लगा कि इस मासूम को भी समझाने में कामयाब रहे।

"...यानी तैंतीस सौ भगवान रहते होंगे", मोनू ने जैसे ही ये बात कही, मैं और मेरी पत्नी एक-दूसरे को देखकर मुस्कुराने लगे, जबकि पापा के मन में थोड़ी सी खीज पैदा हुई। "हाँ, तैंतीस सौ भगवान" दादाजी ने गम्भीर सी शक्ल बताते हुए मोनू को बताया, हालाँकि पापा की खीज को देखकर मम्मी भी मुस्कुरा रही थीं।

"नहीं, दादाजी गलत बोल रहे हैं बुद्धू।" बीच में टोकते हुए सोनू ने कहा, "तैंतीस सौ भगवान नहीं, बल्कि तैंतीस सौ लाख यानी तैंतीस करोड़ भगवान।"

इससे पहले कि कोई कुछ बोलता, सोनू ने अपनी जेब से सारे पैसे निकाले और गिनने लगा। "पचास पैसा... एक रुपया... दो... तीन रुपया... पाँच... आठ, चौदह, पन्द्रह... पन्द्रह सौ..." दरअसल सोनू की जेब में पन्द्रह रुपये के खुदरे पैसे थे, जो उसने अब तक बचाए थे। रास्ते भर सोनू बताता रहा था कि वो ये सारे पैसे तैंतीस करोड़ देवताओं को चढ़ाएगा... लेकिन शायद वो हिसाब नहीं लगा पा रहा था कि कितने पैसे किसको चढ़ाए...।

बात करते-करते अब हम लॉकअप रूम पहुँच चुके थे। सिवाय पत्नी के पर्स के, जिसमें खर्च के सारे पैसे रखे हुए थे, बाकी सारे सामानों को जमा किया। अब हम सब पहुँच गये मुख्य द्वार पर... लोगों की भीड़ बहुत ज्यादा थी... इसलिए मन्दिर के अन्दर घुसने में ही काफी वक्त लग गया। इसके बाद भगवान के दर्शन

के लिए भी लोगों की लम्बी लाइन लगी थी।

"और कितना खड़ा रहना पड़ेगा पापा?" बड़ी ही मासूमियत से सोनू ने पूछा।

"अरे पागल, तैंतीस करोड़ देवता एक साथ रहते हैं न, इसलिए इतनी भीड़ है।" किसी के कुछ बोलने से पहले ही मोनू ने जवाब दिया।

"हाँ, बेटा... जहाँ तैंतीस करोड़ देवता एक साथ रहेंगे, वहाँ भीड़ तो होगी ही... ऊपर से देखने वाले भी इतने ज्यादा हैं...." पापा ने सोनू के सिर को सहलाते हुए कहा।

लाइन में खड़े-खड़े करीब पन्द्रह मिनट बाद मन्दिर के भीतर का हिस्सा दिखने लगा था, भक्ति से लिपटा हुआ माहौल... माँ-पापा की आस्था चरम पर थी, तो मैं और मेरी पत्नी तैंतीस करोड़ देवताओं में मुख्य देवता को देखने के लिए उतावले हो रहे थे... लेकिन सोनू और मोनू किसी तरह से इन देवताओं को देखने का सिलसिला शुरू करना चाहते थे।

थोड़ी देर होते-होते मन्दिर का अच्छा खासा हिस्सा दिखने लगा था। अब पुजारी जी भी दिख रहे थे, जो बड़ी ही फुर्ती से भगवान के साथ भक्तों का मिलाप करवा रहे थे। साथ में हथेली भर-भर कर भगवान का आशीर्वाद भक्तों तक पहुँचा रहे थे। उनके लगातार हिलते रहने से अब भगवान रघुनाथ की मूर्ति का कुछ हिस्सा भी दिखने लगा था। थोड़ी देर में मेरा पूरा परिवार मुख्य मन्दिर के दरवाजे के भीतर खड़ा था। अब कुछ ही भक्तों के बाद हमारी बारी है।

लेकिन ये क्या, भगवान के साम्ने नोटों से भरी कई थाल... मेरी पत्नी ने जब दिखाया तो बिखरे हुए नोटों को देखकर मैं हैरान रह गया। सोनू तो देखते ही पूछ पड़ा।

"पापा, देखो न कितने नोट गिरे हुए हैं।"

"बेटा ये नोट गिरे हुए नहीं हैं, बल्कि लोगों ने भगवान को चढ़ाए हैं। आखिर भगवान और इन पुजारियों को भी तो खाने-पीने और रहने के लिए रुपये चाहिए।"

"लेकिन मेरे पास तो पैसे हैं... मैं आरती में कैसे चढ़ाऊँगा?" सोनू की आँखें नोटों से भरी थाल को देखकर फटी-की-फटी रह गयीं।

"नहीं बेटा, भगवान को जो भी श्रद्धा से चढ़ाओ, सब लेते हैं और आप तो बच्चे हो, भगवान आपसे नोट थोड़ी न लेंगे, वो तो पैसे में ही खुश हो जायेंगे।"

मैंने ये कहते हुए देखा कि सोनू बार-बार अपनी जेब को टटोल रहा था और उसे हिलाकर पैसों की खनक सुनने की कोशिश कर रहा था। मेरी बात सुनकर उसे तसल्ली हुई और वो भी आरती में पैसे चढ़ाने की तैयारी करने लगा।

वैसे सोनू को समझाने के लिए ये सब तो कह दिया, लेकिन मैंने देखा कि ज्यादातर लोग सौ, पाँच सौ या फिर एक हजार रुपये के नोट पुजारी जी के हाथों में दे रहे हैं। अब लोग डर से इतने रुपये चढ़ा रहे थे, या फिर वाकई भक्ति में

विभोर होकर अपनी जेब हल्की कर रहे थे, ये तो पता नहीं, लेकिन हमारे आगे वाले ज्यादातर लोगों ने कम से कम सौ रुपये जरूर चढ़ाए। मैंने भी अपने पूरे परिवार को देखते हुए पत्नी से राय-मशविरा करने के बाद कम से कम सौ रुपये चढ़ाने का फैसला किया। पत्नी से पर्स माँगा और उससे दस-दस के दस नोट निकाले। भगवान को चढ़ाने के लिए ये रुपये पापा के हाथ में थमा दिया।

"मम्मी, मैं कितना चढ़ाऊँ?" मम्मी से पूछते हुए सोनू ने तीन या चार पचास पैसे के सिक्के निकाले।

"बेटा तुम यहाँ रहने दो, यहाँ कई जगह आरती में पैसे चढ़ाने होंगे, तुम दूसरी जगह चढ़ा देना।" मैंने भले ही सोनू को समझा दिया हो, लेकिन डर यही लग रहा था कि कहीं पुजारी जी ने इस मासूम के पैसे को देखकर ध्यान नहीं दिया, तो इसके दिल में ठेस पहुँचेगी।

"ठीक है, अगली बार मैं चढ़ाऊँगा।"

लाइन में मैं अपने परिवार के सबसे आगे था, फिर मेरी पत्नी और उसके साथ मोनू, उसके बाद माँ और आखिर में पापा के हाथ को पकड़ा हुआ सोनू। जैसे ही मैं भगवान जगन्नाथ के दर्शन के लिए एकदम सामने खड़ा हुआ... भक्ति-भाव में डूबकर प्रणाम करने के लिए अपने हाथों को जोड़ने लगा। ठीक उसी समय पंडित जी के हाथ भी मेरे सामने आये... मुझे लगा वो भगवान का प्रसाद देना चाहते हैं... या फिर आशीर्वाद देने के लिए मेरे सिर पर भी अपना हाथ रखना चाह रहे हों... लेकिन मेरी ये गलतफहमी तुरन्त काफूर हो गयी... जब उन्होंने मुझे प्रणाम करने की मुद्रा में देख अपने हाथ पीछे खींच लिए... और कहा "दक्षिणा तो चढ़ाइए।"

"पीछे पापा के पास है।"

"चलो-चलो, आगे बढ़ो, बाकी भक्तों को भी दर्शन करने दो।" पुजारी ने ये सुनते ही कहा और हाथ लगाकर आगे बढ़ाने लगे, ऐसा लगा मानो हमें ठेलकर जबरन आगे बढ़ा रहे हों। पत्नी भी ये सब देखकर आधे-अधूरे मन से दर्शन कर साथ में आगे बढ़ गयी।

"पापा, जल्दी-जल्दी चलो न...।" पुजारी जी के साथ मोनू को बोलता देख मुझे आश्चर्य हुआ... कि क्या मोनू भी पंडित जी की बातों को समझ गया है... लेकिन नहीं, मोनू को पुजारी की बातों का एहसास नहीं हुआ, बल्कि वो तो पूरे तैंतीस करोड़ देवता देखने के चक्कर में जल्दी चलने को कह रहा था। अब मुझे पापा के हाथ में पैसा देने के अपने फैसले पर खुशी हुई... क्योंकि एक तो उन्हें अच्छे से दर्शन करने मिलेंगे और ऊपर से भगवान का आशीर्वाद भी पुजारी जी लुटाएँगे।

लेकिन जैसे ही पापा ने दस-दस रुपये के दस नोट पुजारी जी को थमाया, उन्होंने हाथ में लिया तो जरूर पर उसे तत्काल बड़े थाल में रखने की बजाय दूर

के थाल में ऐसे रखा, मानो फेंका गया हो।

"भोलू लोगों को जल्दी-जल्दी आगे बढ़ाओ, नहीं तो सारे लोग कैसे दर्शन कर पायेंगे।" मन्दिर के एक पुजारी ने हाथ से पापा को लगभग धकेलते हुए सुरक्षाकर्मी को कसकर डाँटा, फिर फुसफुसाया "चढ़ाएँगे फूटी कौड़ी, लेकिन दर्शन करेंगे मन-भर..."

"अरे भइया खड़े मत रहो... आगे बढ़ते रहो... सबको दर्शन करना है, माताजी आगे बढ़िए...।" पुजारी के आदेश को सुनते ही वहाँ का एक सुरक्षाकर्मी, जिसका नाम शायद भोलू था, ने गरजते हुए हुक्म बजाना शुरू कर दिया।

हम लोग वहाँ से मायूस होकर निकले... लेकिन दस साल के सोनू ने पूछ ही लिया "पापा क्या जो ज्यादा पैसे देते हैं, पुजारी जी उसी को आशीर्वाद देते हैं?"

अब मैंने अपने बेटे को कोई जवाब नहीं दिया... तो वो दादाजी की तरफ जवाब पाने की इच्छा से देखने लगा... लेकिन हर किसी ने सोनू के सवाल को सुनकर भी अनसुना कर दिया और दूसरे देवता के दर्शन के लिए बाहर निकल पड़े। इसके बाद सामने की कतार में अलग-अलग देवताओं के मन्दिर बने हुए थे... जो बड़े देवता थे, उनके लिए तो अलग-अलग मन्दिर बने हुए थे... बाकी कई देवताओं के रहने के लिए एक ही साथ इन्तजाम किया हुआ था। कई जगह तो हजारों-लाखों देवता एक ही कमरे में रह रहे थे, वो भी शिवलिंग की शक्ल में। देवताओं की एक झलक अभी हमारा परिवार ले ही रहा था कि तभी एक पुजारी जी सामने आये और कहने लगे "हनुमानजी के दर्शन नहीं करेंगे।"

बजरंग बली के पक्के भक्त मेरे पापा ने जवाब दिया, "हाँ जरूर करेंगे।"

फिर पुजारी जी हम लोगों को किनारे बने छोटे से कमरे में ले गये। वहाँ बाकी मन्दिरों की तरह हनुमानजी की एक मूर्ति थी। पुजारी जी ने हनुमान चालीसा की एकाध लाइनें पढ़ीं और कुछ मन्त्र बड़बड़ाए ... फिर हमें टीका लगाते ही वो बोल पड़े "मान्यवर दक्षिणा चढ़ाइए।" मैंने देखा कि बजरंग बली के सामने सौ या पाँच सौ के कई नोट पड़े हुए हैं। मैंने पत्नी से पर्स लिया और उससे हल्की आवाज में भगवान को देने के लिए रकम के बारे में पूछने लगा। इस बीच सोनू में भी थोड़ी हलचल दिखी... उसने अपनी जेब को भी टटोला, लेकिन फिर अचानक एकदम शान्त हो गया, सोनू ने अपने पैसे चढ़ाने के लिए कोई जिद नहीं की। मैंने पर्स से पचास रुपये का एक नोट निकाला, और पुजारी जी को दे दिया।

"राम भक्त हनुमान के लिए सिर्फ पचास रुपये!!! यहीं सामने रख दो।" पुजारी जी ने हाथ झटकते हुए और इशारे से एक ओर दिखाते हुए कहा।

एक बार फिर लज्जित होकर हम सब बाहर निकल पड़े... एकदम बुझे मन से, इस बार मोनू-सोनू में से किसी ने भी कुछ नहीं पूछा। मैंने ध्यान दिया तो पाया कि ज्यादातर लोग दर्शन करने की बजाय रघुनाथ भगवान के ही चारों तरफ

चक्कर लगा रहे हैं, किसी दूसरे देवता के मन्दिर में नहीं प्रवेश कर रहे... बल्कि कई लोग तो भगवान रघुनाथ का दर्शन कर सीधा मन्दिर के बाहर जा रहे हैं। शायद ये लोग पहले भी इस मन्दिर में आ चुके होंगे।

हनुमानजी के मन्दिर से बाहर निकला तो फिर किसी बड़े भगवान का मन्दिर दिखा... एक बार फिर वहाँ खड़े पुजारी ने हमें बुलाया... लेकिन हम लोगों ने बिना उनकी बात पर ध्यान दिये, खुद ही भगवान के सामने जाकर हाथ जोड़ लिए। यहाँ भी माँ दुर्गा की प्रतिमा के सामने एक थाल पड़ी हुई थी, जिसमें सौ, पाँच सौ और हजार के कई नोट पड़े हुए थे। पंडित जी कोई मन्त्र बड़बड़ाते हुए हमें टीका लगाने के लिए सामने आये।

"हमारे सिर पर टीका लगा हुआ है। मत लगाइए।" अब तक पुजारियों के बर्ताव से तंग आकर मैंने अनमने ढंग से कहा।

"उससे क्या हुआ, माँ दुर्गा का आशीर्वाद नहीं चाहिए।" पुजारी ने बड़ी ही तल्खी से जवाब देते हुए कहा—"अच्छा चलिए चढ़ावा चढ़ा दीजिए...।"

"हम लोगों ने मुख्य मन्दिर और बजरंग बली के सामने चढ़ावा चढ़ा दिया है।" मैंने सोचा पैसे चढ़ाकर भी लज्जित होना पड़ता है, तो फिर क्यों चढ़ाया जाये और वैसे भी हम कितनी जगह पैसे चढ़ाएँ... यहाँ तो तैंतीस करोड़ देवता हैं।

"आपको आशीर्वाद सब भगवान का चाहिए, तो चढ़ावा भी तो सब मन्दिर में चढ़ाना होगा।" पंडित जी ने उलाहना देते हुए कहा, "और बिना चढ़ावा के भगवान भी आशीर्वाद नहीं देते।"

हम लोग पुजारी की बात को अनसुना करते हुए बाहर निकले, लेकिन तभी पीछे से पंडित जी की आवाज गूँजी "अगर पैसे कम ही हैं तो कम से कम पचास रुपये ही चढ़ा दो।"

इस बातचीत के दौरान मेरे दोनों बच्चे मम्मी को पकड़कर जितनी तेजी से मन्दिर से बाहर निकले, गलियारे में पहुँचकर उतने ही धीमे हो गये। शायद उनके मन में तैंतीस करोड़ देवताओं के दर्शन की इच्छा खत्म हो चुकी थी। पत्नी अवाक् थी, जबकि मेरा दिमाग सुन्न पड़ चुका था। माँ-पापा शायद मन-ही-मन कुछ बड़बड़ा रहे थे। ये नहीं मालूम कि वो पुजारी को गाली दे रहे थे... या फिर भगवान को कोस रहे थे।

बिल्कुल सुस्त से हम सभी धीरे-धीरे वहाँ से गुजरने लगे। पत्नी ने अब मोनू और सोनू को कसकर पकड़ लिया था। वो दोनों बच्चों के साथ धीरे-धीरे आगे खिसक रही थीं...

"आइए माताजी भगवान विष्णु और माँ लक्ष्मी के दर्शन कीजिए।" एक पुजारी ने माताजी से कहा... लेकिन माँ बिल्कुल पीछा छुड़ाने के अन्दाज में भागती हुई आगे बढ़ गयीं। धार्मिक प्रवृत्ति वाली और बिल्कुल शान्त रहने वाली अपनी माँ

का ये रूप मैंने पहली बार देखा था, बल्कि उनकी आदत तो ऐसी है कि अगर रास्ते में कोई भगवान के फोटो के साथ एक दानपत्र भी छोड़ दे तो पहले वो भगवान को झुककर प्रणाम करतीं और उसके बाद एक-दो रुपये दानपत्र में जरूर डालतीं। लेकिन माँ को ऐसा करते देख हम तोग भी बिना पुजारी से नजरें मिलाए आगे बढ़ गये...

"पापा, देखो एक साथ यहाँ कितने भगवान हैं।" मोनू के बोलने पर हम लोगों ने कनखियों से देखा... सचमुच एक साथ लाखों भगवान शिवलिंग की आकार में बने हुए थे... वहाँ भी पुजारी श्रद्धालुओं के इन्तजार में खड़े थे... लेकिन ये क्या!!! धीरे-धीरे शिवलिंग की शक्ल के सारे भगवान अचानक मेरी नजरों से ओझल होने लगे... अब वहाँ भगवान नहीं बल्कि नोटों की गड्डियाँ पड़ी हुई थीं। मैं बदहवास होकर आगे बढ़ने लगा। मुझे सही से तो पता नहीं, लेकिन परिवार के सारे लोगों के सामने शायद यही तस्वीरें तैर रही थीं।

आगे चलते हुए हमें लगातार हर मन्दिर के सामने पुजारी जी मिलते... जो बार-बार बुलाते... "राधा-कृष्ण के दर्शन नहीं करेंगे!!!", "भगवान राम-सीता-लक्ष्मण से भी आशीर्वाद लेते जाइए...", "ब्रह्मा की आशीष जरूरी है", "विद्या की देवी माँ सरस्वती के दर्शन नहीं किये तो फिर क्या किया", और भी न जाने कितने देवता... मैंने कनखियों से हर भगवान को देखने की कोशिश की, लेकिन कहीं भी मुझे भगवान के दर्शन नहीं हुए, बल्कि हर तरफ नोटों की गड्डियों से भरी थाल नजर आ रही थी... और सारे भगवान नोटों की गड्डियों में पूरी तरह से ढके हुए। फिर एकाएक सारे पुजारी एक साथ नजर आते... अलग-अलग वेशभूषा में... ऐसा लगा मानो डकैतों की एक फौज ने भगवा वस्त्र धारण कर लिया हो। हर पुजारी ने अपने-अपने हाथ में अलग-अलग भगवान का हथियार थाम रखा था... कोई त्रिशूल के साथ खड़ा था, कोई गदा के साथ... किसी ने कुल्हाड़ी ले रखी थी... तो कोई खंजर के साथ...

"चलिए न जल्दी से, अचानक यहाँ क्यों रुक गये?"

"पापा, जल्दी चलो न, घर जाना है, अब नहीं देखना है तैंतीस करोड़ देवता"

पहले पत्नी के कहने पर तो मैं ध्यान नहीं दे पाया, लेकिन जब मोनू ने मेरी कमीज को खींचते हुए कहा तो देखा कि ये सारे लोग लगभग भागते हुए मन्दिर से बाहर निकलना चाह रहे हैं, जबकि मैं घिसटता हुआ आगे बढ़ रहा हूँ। शायद पुजारियों के द्वारा दिया गया अपमान का भाव मेरे मन पर हावी था।

एकदम होश में आते ही सबसे पहले मेरा ध्यान अपने पूरे परिवार पर गया... डरी-सहमी मेरी पत्नी अपने पर्स को कसकर दबाए हुए तेजी से बाहर निकलने की कोशिश कर रही थी... शायद उसे इस बात का खौफ था कि कहीं ये लुटेरे पंडित उसके पैसे न छीन लें... मोनू अपनी मम्मी के साथ लगभग चिपका हुआ

था और मेरी कमीज को भी एक कोने से पकड़ा हुआ था। शायद ये सोच रहा था कि अगर एक का साथ छूट भी गया तो दूसरा तो पास होगा। सोनू 15 रुपये का सिक्का अब माँ को देने में लगा था... वो ये काम कभी-कभी ही करता है, जब उसे लगता है कि ये पैसे उसके पास सुरक्षित नहीं हैं... पापा हनुमान चालीसा मन ही मन गुनगुना रहे थे, जिसे वो अक्सर किसी भी खतरे की आहट को देखकर गुनगुनाते थे... जबकि माँ निरुशान्त थी... बिना किसी भाव के...

अंग्रेज, ब्राह्मण और दलित

मन बहुत उदास था, कुछ करने का मन ही नहीं कर रहा था। लग रहा था कि अकेले ही रहूँ और बिना किसी सोच-विचार के बिस्तर में ही पड़ा रहूँ। बाजार गया तो था कम्प्यूटर खरीदने, लेकिन वहाँ ब्रिटिश से मिलकर मन खिन्न हो गया था। ब्रिटिश... जो कुछ ही देर में कम्प्यूटर लेकर मेरे घर आयेगा। उसे याद करके जी कर रहा था कि घर में पड़ी इतिहास की सभी किताबों को फाड़कर फेंक दूँ। अगर मेरे वश में होता तो कॉलेज की लाइब्रेरी में पड़ी उन इतिहास की किताबों को भी कूड़ेदान में फिंकवा देता, जिनको मैंने पढ़ी हैं। बार-बार मेरा मन ब्रिटिश और अंगरेजो पर ही जाकर टिक जाता। इतिहास की किताबों में पढ़ी सभी घटनाएँ एक-एक कर याद आ रही थीं। अंग्रेजों का भारत में दो सौ साल का क्रूर शासन। भारतीयों के साथ अमानवीय व्यवहार। देश के वो महान स्वतन्त्रता सेनानी, जिन्होंने एक तरफ अत्याचारी अंग्रेजों को भगाया तो दूसरी तरफ सामाजिक कुरीतियों को दूर किया।

"मामा सुनाओ न कहानी, आप काफी देर से चुपचाप बैठे हैं। हफ्ते में एक बार रविवार को ही तो कहानी सुनाते हैं। इस बार तो अन्नी भी कहानी सुनने के लिए आयी है।" अंकु ने जब मुझे हाथ पकड़कर हिलाया तो एहसास हुआ कि दोनों काफी देर से कहानी सुनाने की जिद कर रहे हैं। चौथी कक्षा में पढ़ने वाला अंकु अपने नाना-नानी के साथ ही रहता है। कल मेरी भांजी अन्नी भी यहीं आयी है, जो अंकु से एक साल छोटी है। ये दोनों ही मुझसे कहानी सुनाने की जिद कर रहे हैं।

लेकिन मैं कुछ भी जवाब नहीं दे पाया क्योंकि ब्रिटिश ने मुझे घेर रखा है। मुझे कुछ भी अच्छा नहीं लग रहा है।

"मामा, पिछले रविवार को आपने बहुत बोरिंग कहानी सुनाई थी। इस बार तो आप सुना ही नहीं रहे हैं। मेरी छुट्टी खराब कर रहे हैं।" लगभग दो बार अंकु के झिंझोड़ने के बाद मेरी तन्द्रा टूटी। लेकिन मैं ब्रिटिश से उबर ही नहीं पा रहा था। लग रहा था कि ये धब्बा जिन्दगी भर के लिए उसके शरीर में नहीं बल्कि

मेरे शरीर में गोद दिया गया था। ये सोचकर मेरा माथा फटा जा रहा था, लेकिन बच्चे हैं कि छोड़ ही नहीं रहे थे। अभी तक अंकु अपनी छोटी बहन से बताता रहा था कि वो मुझसे हर हफ्ते एक कहानी सुनता है। उसने ये वादा भी किया था कि जब अन्नी उसके पास आयेगी तो वो भी कहानी सुन सकेगी।

"मामा आपने मुझसे वादा किया था कि जब मैं आपके पास आऊँगी तो आप कहानी सुनाएँगे, तो सुनाइए ना।" इस बार अन्नी ने भी जिद की।

"लेकिन अच्छी कहानी, पिछले हफ्ते बहुत बोरिंग कहानी सुनाई थी आपने।" अब तक जिद करके थक चुके अंकु ने इस बार बात जोड़ी।

मुझे ध्यान आया कि पिछले हफ्ते मैंने इसे अंगरेजो की कहानी सुनाई थी, जिससे पिछले रविवार को ही मिला था। फिर मैंने सोचा कि अंगरेजो और ब्रिटिश का किरदार मिलता-जुलता है, तो क्यों न जो कहानी पिछले हफ्ते अधूरी रह गयी थी, उसे आज पूरी कर दी जाये।

"ठीक है, सुनाता हूँ कहानी, एक छोटी-सी कहानी, लेकिन एक शर्त है।" मैंने निराशा में ही कहा।

बच्चे ये सुनकर बेहद खुश हुए। खासकर छोटी कहानी पर क्योंकि वो कहानी भी सुन लेंगे और जब कम्प्यूटर आ जायेगा तो वीडियो गेम भी खेल सकेंगे यानी पूरा मनोरंजन। लेकिन शर्त की बात सुनते ही,"क्या शर्त है?"

"पिछले हफ्ते जो कहानी सुनाई थी, वो अधूरी रह गयी थी, उसे ही आज पूरा कर देता हूँ।"

"लेकिन वो तो बहुत बोरिंग थी।" अंकु ने कहा।

"मैंने तो वो कहानी सुनी भी नहीं है।" अन्नी ने भी साथ दिया।

दरअसल अंगरेजो की कहानी के बारे में ही अंकु ने अन्नी को बताया था कि मैंने अच्छी कहानी नहीं सुनाई। बोरिंग इसलिए भी थी, क्योंकि पहली बार किसी सच्ची घटना को कहानी के तौर पर जस-का-तस सुना दिया था, नहीं तो आजादी के दिनों की घटना को भी मैं थोड़ा-बहुत मिर्च-मसाला लगाकर ही सुनाता था। जो उन्हें अच्छा लगता था।

"वो बोरिंग इसलिए थी क्योंकि कहानी अधूरी थी। अन्नी पिछले हफ्ते नहीं थी, इसलिए आज पूरी कहानी सुना देते हैं।" मैंने समझाते हुए दोनों को कहा।

"ठीक है।" आखिर कहानी सुननी थी, इसलिए दोनों ने अनमने ढंग से हामी भर दी।

पिछली बार मैंने राजा-रानी के किरदार को छोड़कर खुद को ही एक किरदार बना दिया था। अंकु को बताया था कि कैसे मैं हरियाणा के एक गाँव गया था। अंगरेजो नाम की महिला से कैसे मिला और उससे जुड़ी तमाम बातें, लेकिन आज मैं ब्रिटिश से मिलने के वाकये को उसी तरह से नहीं सुनाना चाहता था। इसलिए

अपने आप को अलग करके इस सच्ची घटना को एक राजकुमार और राजकुमारी की कहानी में पिरोया।

"दिल्ली के पास ही हरियाणा में एक छोटा-सा गाँव है। उसका नाम है छतेरा।"

"हाँ, जहाँ आप पिछली बार गये थे।" ये जोड़ते हुए अंकु चुप हो गया, शायद उसे याद आ गया कि मुझे कहानी सुनाने के दौरान किसी का टोकना पसन्द नहीं है।

"इस गाँव को 1980 में एक बड़े अंग्रेजी अखबार ने गोद ले लिया था।"

ये सुनने के बाद दोनों मुझे आश्चर्य से देखने लगे। मुझे समझते देर न लगी कि इन्हें गोद लेने का मतलब समझ में नहीं आया।

"गोद लेने का मतलब यह हुआ कि उस गाँव के विकास के लिए अखबार खुद ही प्रयास करने लगा। इससे गाँव की तरक्की शुरू हुई। अखबार में हर रोज रिपोर्ट छपने की वजह से मन्त्री, सरकार और पैसे वाले लोग वहाँ जाने लगे। धीरे-धीरे गाँव में विकास होने लगा। कई छोटे-छोटे उद्योग-धन्धे शुरू हुए। पढ़ाई के लिए वहाँ स्कूल-कॉलेज खुले। ऐसे में लोगों को सरकारी नौकरी भी मिलने लगी। इस दौरान मुखिया जी के परिवार ने भी काफी तरक्की की। उनका एक लड़का था। उसे लोग प्यार से राजा पुकारते थे। बाद में राजा की नौकरी गाँव के ही ब्लॉक कार्यालय में अच्छे पद पर लग गयी। इसके बाद तो वो पूरे गाँव के लिए ही राजा हो गया। अब राजा की शादी की उम्र भी हो चली थी। तो उसके लिए राजकुमारी की तलाश की जाने लगी।"

कहानी सुनने के दौरान अंकु के हाव-भाव बार-बार बदलते रहे। कभी उसे लगता कि उसने ये सब तो सुन रखी है तो कभी उसे लगता कि उसने तो सुनी ही नहीं है। साफ था कहानी में राजा नाम पहली बार आया था।

"राजा के लिए राजकुमारी की तलाश कई जगहों पर की गयी। आखिरकार दिल्ली में एक राजकुमारी मिली। इस राजकुमारी का नाम अंगरेजो था। वो बहुत सुन्दर थी, साथ में पढ़ी-लिखी भी। शादी में मुश्किल सिर्फ ये थी कि राजा की माँ को लड़की का नाम पसन्द नहीं था। चूँकि लड़की सबको पसन्द थी और नाम को लेकर ही मामला फँस रहा था तो राजा ने उसके नाम के पीछे के रहस्य का पता लगाने का फैसला किया। एक दिन वो बिना किसी को बताए दिल्ली चला गया और अंगरेजो से खुद मिला। फिर उसके नाम की वजह पूछी, तो अंगरेजो ने बताया कि पहले उसका नाम छलिया था। उसके माता-पिता बेहद गरीब थे। इसलिए उसे दूसरे के घरों में काम करना पड़ता था। इस दौरान छलिया ने एक अंग्रेज मिस्टर लॉक के घर भी काम किया। मिस्टर लॉक 1947 में अंग्रेजों के भारत छोड़ने के दौरान भी अपने वतन नहीं लौटे, बल्कि एक हिन्दुस्तानी लड़की से शादी करके यहीं के हो गये। छलिया के काम करने की लगन को देखकर वो बहुत खुश होते। अंग्रेज की बीवी हमेशा उसके काम की तारीफ करती। वो बार-बार

मिस्टर लॉक से कहती कि इतनी अच्छी लड़की का नाम इसके माँ-बाप ने छलिया कैसे रख दिया? तब मिस्टर लॉक ने कहा कि ये इतनी सुन्दर और सुशील है कि इसका नाम तो अंग्रेज होना चाहिए। तभी से उसका नाम अंग्रेज पड़ गया, जो बिगड़ते-बिगड़ते अंगरेजो हो गया। बाद में उसी अंग्रेज ने इसे बेटी की तरह मानते हुए पढ़ाया-लिखाया। अब शादी के खर्च भी वही दे रहा है।

"लेकिन अंगरेजो से उसके नाम के बारे में तो आपने पिछले हफ्ते पूछा था।" अंकु ने धीरे से टोका।

बीच में टोकने पर जब मैंने आँखें तरेरी तो वह चुप हो गया।

"वह दूसरी अंगरेजो थी। यह कहानी ध्यान से सुनो।" कुछ याद करते हुए, "हाँ, जब राजा ने नाम की वजह जान ली तो उसने सोचा कि ये तो वाकई राजकुमारी है, इसलिए उसने ये कहानी सुनाकर अपनी माँ को भी तैयार कर लिया। राजा की बारात पूरे धूमधाम से मिस्टर लॉक के घर दिल्ली पहुँची। पूरा गाँव बाराती था। कई बड़े नेता और अफसर भी बाराती बनकर आये थे। इसलिए राजा खुद भी सारी चीजों का इन्तजाम देख रहा था। इस दौरान उसकी नजर उस गाड़ी पर पड़ी, जिसमें बैठकर उसे अंगरेजो के साथ वापस लौटना था। काफी सुन्दर ढंग से उसे फूलों से सजाया गया था। हर काम बारीकी से किया गया था। राजा गाड़ी सजाने वाले से भी मिला, लेकिन उसके नाम को जानकार उसे आश्चर्य हुआ। गाड़ी सजाने वाले का नाम ब्रिटिश था। पत्नी के ही नाम की तरह।"

"आपने गाड़ी तो कमाल की सजाई है।" राजा ने ब्रिटिश की तारीफ करते हुए कहा, "जरूर यह आपका खानदानी पेशा होगा और बचपन से ही आप इस पेशे में लगे होंगे।" कुछ देर रुककर, "आपने अवश्य मिस्टर लॉक की शादी की गाड़ी भी सजाई होगी, तभी खुश होकर उन्होंने आपका नाम ब्रिटिश रख दिया होगा।"

अपनी तारीफ सुनकर ब्रिटिश खुश था, लेकिन जब नाम पर बात आयी तो वो उदास हो गया। ये देखकर राजा ने उससे पूछा,

"क्या बात है दुखी क्यों हो गये?"

"मैं कभी किसी अंग्रेज से नहीं मिला हूँ और मेरा नाम मिस्टर लॉक ने नहीं रखा है... बल्कि...।" इतना बोलने के बाद ब्रिटिश काफी देर तक चुप रहा। तारीफ की चमक उसकी आँखों से धूमिल हो चुकी थी। फिर धीरे-से निराश होते हुए बोला, "बचपन से कोई शादी की गाड़ी सजाना सीखना चाहता है क्या? अगर माँ-बाप ये काम करते भी होंगे तो वो अपने बच्चों को पढ़ाएँगे-लिखाएँगे या फिर ...।"

राजा को लगा कि उसने कुछ गलत बात कह दी है, "तो आपने पढ़ाई-लिखाई क्यों नहीं की और आपके माँ-पापा ने पढ़ाने की कोशिश तो की होगी?"

"मेरी तो बहुत इच्छा थी पढ़ने-लिखने की। मेरे पापा भी मुझे पढ़ाना चाहते थे, लेकिन स्कूल के शिक्षकों, छात्रों और गाँव के लोगों ने मुझे पढ़ने-लिखने कहाँ

दिया?"

"क्यों?"

राजा के सवालों से ब्रिटिश भावुक हो उठा—और अपनी कहानी सुनाने लगा...

"साहब, मैं झारखंड के एक गाँव से हूँ। शुरू में मेरा नाम राम नारायण था। मेरे पापा कुम्हार थे और मिट्टी के बहुत अच्छे बरतन बनाते थे। लेकिन उनकी बहुत इच्छा थी कि मैं कुम्हार बनने की बजाय पढ़-लिखकर ऊँची जाति के लोगों की तरह सरकारी बाबू बनूँ। इसलिए जब गाँव में ही नया स्कूल खुला तो वो भी मुझे दाखिले के लिए ले गये, लेकिन गाँव के लोगों ने मेरे दाखिले का विरोध करना शुरू कर दिया क्योंकि मैं दलित था। गाँव में ज्यादातर लोग ऊँची जाति के थे, खासकर ब्राह्मण रहते थे। मेरा परिवार ही केवल दलित परिवार था जो गाँव में था, बाकी सारे दलित परिवार गाँव से काफी दूर एक बस्ती में बसे हुए थे। वो हमारी तरह पैसे वाले भी नहीं थे।"

"दलित परिवार क्या होता है।" बीच में ही टोकते हुए अन्नी ने पूछा।

"दलित परिवार यानी... छोटे... और गरीब लोगों का परिवार, जिनके पास बहुत कम पैसे होते हैं। स्कूल में केवल ऊँची जाति के लोग ही पहुँच रहे थे। ऐसे में जब राम नारायण को उसके पापा दाखिले के लिए ले गये तो ऊँची जाति के लोगों को अच्छा नहीं लगा कि कोई नीची जाति का लड़का उसके साथ पढ़े, लेकिन शहर से आये सरकारी बाबू, जो खुद एक ब्राह्मण थे, ने दाखिला लेने से नहीं रोका, बल्कि सरकारी बाबू ने शहर जाते वक्त साफ कर दिया था कि दलित का लड़का भी इसी स्कूल में पढ़ेगा। इस पर गाँव के लोगों ने राम नारायण के साथ सरकारी बाबू को भी गालियाँ दी थीं। कहा कि 'ये दोगले लोग हैं। ये लोग हिन्दू धर्म को भ्रष्ट करने पर तुले हुए हैं। अंग्रेज गुलाम बनाकर दो सौ साल तक यही करने की कोशिश करते रहे, लेकिन कभी कामयाब नहीं हो पाये। ये लोग बहुत जल्दी हमारे धर्म का सर्वनाश कर देंगे। ये साले ब्रिटिशर्स की तरह ही हरामी हैं।"

ये कहते-कहते मैंने महसूस किया कि बच्चे शायद अपने आप में सिमटते जा रहे हैं। मेरे मुँह से न सिर्फ गालियाँ निकल रही हैं, बल्कि बीच-बीच में थूक भी निकल रही है। कुछ देर रुककर... और खुद को संयमित करते हुए मैंने फिर बोलना शुरू किया—

"सरकारी बाबू के जाते ही स्कूल को उसे दाखिला तो देना पड़ा, लेकिन सरकारी बाबू पर इस्तेमाल किये गये शब्द को राम नारायण के लिए इस्तेमाल किया जाने लगा। बच्चों ने उसे 'ब्रिटिशर्स की तरह हरामी' कहना शुरू कर दिया, जबकि बाद में शिक्षकों ने तो बाकायदा उसका नाम राम नारायण से बदलकर ब्रिटिश ही कर दिया। जब उसके परिवार ने इसका विरोध किया तो राम नारायण के हाथ

में ब्रिटिश नाम भी गुदवा दिया। इतना सब कुछ करने के बाद भी गाँव वालों का गुस्सा शान्त होने की बजाय लगातार बढ़ता गया। एक बार तो उन्होंने राम नारायण के पापा को चोरी के इल्जाम में फँसाकर जेल भिजवा दिया। इस दौरान ऊँची जाति के बच्चे राम नारायण को खूब तंग करते। बार-बार उससे नाम पूछते। अगर वो राम नारायण कहता तो उसे ब्रिटिश-ब्रिटिश कहकर खूब चिढ़ाते। स्कूल के शिक्षक ने तो ब्रिटिश नाम न बताने पर उसकी कई बार पिटाई की थी। जेल से छूटकर जब उसके पापा वापस आये, तब भी गाँव के लोग उसे परेशान करते रहे। आखिरकार राम नारायण को अपने पापा-माँ के साथ गाँव छोड़ना पड़ा। वो पूरे परिवार के साथ दिल्ली चला आया, लेकिन तब तक राम नारायण अपने परिवार और समाज के लिए दिलो-दिमाग से पूरी तरह ब्रिटिश हो चुका था।"

इतना सुनने के बाद राजा के मन में अजीब-सी हलचल होने लगती है। वो परेशान हो जाता है। कभी वो अंगरेजो और ब्रिटिश में समानता ढूँढता है तो कभी अंग्रेजों और ब्राह्मणों के बीच।

"मामा, आगे सुनाओ न... क्या हुआ।" शायद मैं काफी देर तक चुप रहा था, इसलिए बच्चों के पूछने पर मैं फिर सचेत हो जाता हूँ।

"फिर क्या, राजा और रानी.... नहीं राजा और अंगरेजो की शादी हो जाती है। वे दोनों ब्रिटिश की सजाई हुई गाड़ी में सवार होकर अपने गाँव छतेरा चले जाते हैं। दोनों खुशी-खुशी रहने लगते हैं।"

"लेकिन पिछली बार तो आप अंगरेजो से खुद मिले थे और आपने कुछ दूसरी ही कहानी सुनाई थी।"

अंकु ने इतना ही कहा था कि घर का कॉलबेल बजा और सामने ब्रिटिश कम्प्यूटर लेकर हाजिर था। राजा और रानी शादी करके खुशी-खुशी रहने लगे थे। अंकु और अन्नी भी कहानी से खुश और सन्तुष्ट नजर आये क्योंकि अब इन बच्चों को वीडियो गेम खेलने की जल्दी थी। दोनों कम्प्यूटर को घेरकर बैठ गये। उनको लग रहा था कि जल्दी से कम्प्यूटर चालू हो और वो वीडियो गेम खेलें, लेकिन इस दौरान ही बच्चों को पता चल गया कि घर आये शख्स का नाम भी ब्रिटिश ही है। फिर दोनों बच्चे तेजी से दौड़ते हुए मेरे पास आये।

"मामा, मामा... आपको पता है, कम्प्यूटर लाने वाले शख्स का नाम भी ब्रिटिश ही है! इसका नाम भी या तो अंग्रेज ने रखा होगा या फिर उन ब्राह्मणों ने...।

काश मेरे साथ भी बलात्कार होता!

अच्छा हुआ। हाँ, अच्छा हुआ कि मेरा बलात्कार हुआ। सब ऐसा ही कहते हैं। अब सब मुझको मानते भी हैं। मेरा सबसे अच्छा दोस्त अमित भी तो ऐसा ही कहता है। मोनू, रवि, श्वेता, चंचल, आशीष सब अमित के साथ मेरे घर आये हैं। ये सब मुझे पहले खेलने तक नहीं देते थे। मुझे चिढ़ाते थे। लेकिन अब मैं उन्हें चिढ़ाऊँगी। खूब आनन्द करूँगी। अब सभी मुझे प्यार करते हैं। टॉफी भी खूब लाकर देते हैं। अगर बलात्कार न होता तो स्कूल भी जाना पड़ता। होमवर्क तो किये नहीं थे। मार भी खानी पड़ती। साथ ही सर कान पकड़कर मेज पर खड़ा कर देते। अब कुछ दिन स्कूल नहीं जाना पड़ेगा। मम्मी ही तो कह रही थीं कि पन्द्रह-बीस दिनों तक स्कूल नहीं जाने देंगे क्योंकि अभी वहाँ मेरी ही चर्चा चल रही होगी। पन्द्रह-बीस दिनों में मामला ठण्डा पड़ जायेगा। पापा भी तो मान गये हैं, और...।

अन्तर्मन में खोयी छठी कक्षा की ग्यारह वर्षीय प्रिया अपने मन को टटोल रही थी या शायद अपने अस्तित्व को ढूँढने का प्रयास कर रही थी। बीच में ही टोकते हुए उसकी कक्षा का रवि कहता है—

"प्रिया, तुम हमसे बात क्यों नहीं करती?"

"हम भी तो इससे बात नहीं करते थे।" बीच में मासूमियत से अमित कहता है।

अमित की बात सुनकर प्रिया की एकाग्रता टूट जाती है। बहाने से बनाकर कहती है—"मैं स्कूल के बारे में सोच रही थी। नहीं जाऊँगी तो सर डाँटेंगे, है न!"

"हाँ, पूरे स्कूल में सब सर और मैडम तुम्हारी ही बात कर रहे थे।" आशीष शुष्क भाव से बोलता है।

"अरे! नहीं बुद्धू सर इसलिए थोड़ी न चर्चा कर रहे थे। वो तो इसके बलात्कार पर बात कर रहे थे। अंजुम मैडम तो कह रही थीं कि प्रिया अभी कुछ दिन स्कूल नहीं आयेगी। इसलिए हम लोगों से इससे मिलने को भी कहा।" श्वेता आशीष की बातों को काटती है।

"हाँ, वो तो है।" आशीष भी सिर हिलाकर स्वीकृति देता है।

"सच में!" प्रिया आश्चर्य से बोल पड़ती है।

स्वतःप्रेरित यह स्वीकारोक्ति प्रिया में आत्मसन्तोष पैदा करती है। वैसे बचपन का यह उतावलापन है, जो बच्चों में एक-दूसरे के साथ प्रतिस्पर्धा उत्पन्न करता है। इस उम्र में बच्चे वृक्ष की प्रत्येक टहनी को छूने के लिए अपनी पूरी शक्ति लगा देते हैं। बच्चों के समाज में सबसे अलग प्रिया में जरूर कुछ ऐसा गुण रहा होगा जो उसे एक व्यक्तित्व बनाता है। एक ऐसा व्यक्तित्व जो अपने आप में पूर्ण है, अनोखा है, किन्तु पहचान के अभाव में सम्पूर्ण नहीं है। आज पूरी बालमण्डली के सामने प्रिया नये रूप में है क्योंकि उसका बलात्कार हुआ है। वह स्कूल में, अखबार में तथा पूरे माहौल में छायी हुई है।

बच्चों में एक-दूसरे से जलने की प्रवृत्ति होती है, जिसके आगे ज्वालामुखी के लावे भी कमजोर हैं, किन्तु बच्चों की जलन का कोई सार नहीं। वह कभी पल भर में आसमान से उच्चमण्डल को छू सकता है तो सागर की गहराइयों तक भी जा सकता है। यह एक आग का दरिया है जहाँ सब कुछ जलता दिख रहा है, मगर कुछ जलता नहीं। क्षोभमण्डल में होने वाले परिवर्तन की तरह यह क्षणिक है, किन्तु हर कोई इस क्षण को जीना चाहता है, क्योंकि यह क्षण भी अनन्त तक फैला है।

प्रिया गद्गद है, क्योंकि वह धुरी बनी हुई है जिससे आसपास का सारा वातावरण उसी के इर्द-गिर्द घूम रहा है। खासकर अपने दोस्तों के सामने चर्चा का विषय बनना कम बड़ी बात नहीं है। वो भी ऐसा विषय जिसमें सबकी उत्सुकता दौड़ रही है। सबका मन यह जानने का प्रयास कर रहा है कि क्यों प्रिया आज सबसे ज्यादा प्यार पा रही है? बलात्कार क्या है? प्रिया के साथ ही क्यों हुआ? मेरे साथ क्यों नहीं? तरह-तरह के ऐसे सवाल जिन पर किसी का वश नहीं... यही तो बचपना है, जहाँ से आश्चर्य के तीर छूटते जाते हैं। निश्चित ही वह किसी छाया को भेदते हैं, किन्तु वह छाया अवश्य ही प्रत्यास्था के गुणों से प्रेरित है जो बार-बार भेदित होने पर भी पुनः वैसी ही स्थिति में आ जाती है।

अपने वर्चस्व को कायम रखने के लिए प्रिया अपने दोस्तों को कहती है—"कल मेरे मामाजी आये थे। वे मेरे लिए फुटबॉल भी लाये, जिससे मैं अब खूब खेलूँगी।"

"अच्छा!" सबने एक साथ आह भरी।

"वो भी तीन रंगों वाला। लाल, हरा और नीला।" प्रिया ने जोर देकर कहा।

दरअसल प्रिया अपने दोस्तों के मन को टटोलने का प्रयास कर रही थी। शायद मित्रों की उत्सुक निगाहों को वह भाँप चुकी थी। इसलिए तो अपनी जीत को पुख्ता करने के लिए वह रंगों का भी सहारा लेती है। सच भी था, बालमण्डली पिछड़ रही थी। किन्तु बच्चों के अपने तर्क होते हैं, जिनका दोहरा चरित्र नहीं

होता, साथ ही असीम होते हैं। पूरी बालमण्डली को चुप देख मोनू साहस बटोर कर कहता है–

"हमारे पास भी तो फुटबॉल है।"

"लेकिन तीन रंगों वाला तो नहीं?" प्रिया ने तुरन्त कहा।

"तो क्या हुआ? हमें तो खेलने से मतलब है।"

रवि मोनू के समर्थन में कहता है। अब प्रिया की दाल नहीं गल रही थी। फिर भी थोड़ी देर तक सोचने के बाद बोल पड़ी।

"ठीक है, लेकिन तुम्हारी फुटबॉल तो पुरानी हो चुकी। अब तो ज्यादा उछलती भी नहीं। साथ ही पैरों में चोट भी लगती है।" प्रिया ने ईंट का जवाब पत्थर से दिया।

अब किसी को भी कोई उत्तर न सूझा। अन्ततः बालमण्डली प्रिया की बात को स्वीकार करते हुए अपना पराजय भी स्वाकीर कर लेती है। द्वन्द्व का यह रूप वस्तुतः ईर्ष्या है जो बचपन में स्वार्थ की प्रवृत्ति के सूक्ष्मतम रूप में दिखाई पड़ता है। यह एक मानसिकता है... पवित्र मानसिकता, जहाँ स्वार्थ का अपना स्थान होता है। ऐसा स्वार्थ जो मानव में बचपन से अपना रूप बदलता हुआ जवानी में स्पर्धा तथा बुढ़ापे में सन्तोष का रूप ले लेता है। तीनों रूपों में क्रिया-प्रतिक्रिया का सम्बन्ध घनिष्ठ होता है क्योंकि भय ही आस्था होती है, जो ईर्ष्या में अलगाव की स्पर्धा में पिछड़ने की तथा सन्तोष में सामंजस्य की होती है। स्वाभाविक है इसकी प्रतिक्रिया में एक भय यह भी था।

"तुम मुझे तो खेलने नहीं दोगी?" मोनू सहज भाव से कहता है क्योंकि वह सोचता है कि उसके साथ यह होगा या होना चाहिए। दरअसल मानव का प्रत्येक रूप में यह गुण है कि वह विषम परिस्थितियों में अपने साथ ठीक उसी प्रकार के सलूक की आशा करता है जैसा उसने दूसरे के साथ उसी परिस्थिति में किया है। यह मानव का उच्चतम गुण है। जो मनुष्य इसे जिस अवस्था में जान लेगा, उसी समय सम्पूर्ण हो जायेगा।

प्रिया सोचती है कि सारी मण्डली तो पराजित हो गयी। अब वह उन सबों को खूब चिढ़ाएगी। खासकर मोनू को, क्योंकि फुटबॉल तो उसी के पास है तथा वही मुझे खेलने नहीं देता था, किन्तु तभी प्रिया के मन में दया की भावना जाग उठती है। सच ही है कि विजय का एक रूप सहानुभूति भी होता है। प्रिया कहती है–

"क्यों नहीं? हम सब मिलकर खेलेंगे।" प्रिया सोचती हुई दार्शनिक अन्दाज में कहती है मानो वह अन्य बालकों की तरह तुच्छ मानसिकता नहीं रखती।

"लेकिन हम लोग तो तुम्हें खेलने नहीं देते थे?" मोनू आश्चर्य से कहता है।

"कोई बात नहीं।" प्रिया बोल पड़ती है।

शायद ये नारी चरित्र का समन्वित चेहरा है जिसमें अधिकारपूर्ण सामंजस्य

का समावेश है, तभी तो प्रिया मोनू के खेलने को भी स्वीकार कर लेती है। साथ ही वह दोस्तों को फुटबॉल दिखाने के लिए उठती है। तभी उठने के प्रयास में वह नीचे गिर पड़ती है और उसके मुँह से आह निकलता है।

उसे उठाने के लिए मोनू, अमित और श्वेता आगे बढ़ते हैं कि तभी मम्मी आ जाती है और प्रिया को देखकर "अरे! क्या हुआ, चोट तो नहीं लगी?"

"कुछ नहीं मम्मी, फुटबॉल लेनी थी।" प्रिया सँभलती हुई मम्मी को देखकर कहती है।

"तो मुझे कह देती। डॉक्टर ने तुम्हें आराम करने को कहा है, न!"

प्रिया अपने दोस्तों तथा मम्मी के सहारे उठती है। मम्मी फुटबॉल देकर चली जाती है। प्रिया फुटबॉल दिखाती है पर मोनू उसे अपने हाथ में ले लेता है और उसी में तल्लीन हो जाता है क्योंकि मोनू का क्षणिक स्वार्थ पूरा होता है, किन्तु फिर एक जिज्ञासा। अमित पूछता है–

"प्रिया तुम्हें डॉक्टर ने आराम करने को क्यों कहा है?"

"मेरा बलात्कार हुआ है न!" प्रिया तुरन्त जवाब देती है। एक पूर्वनिर्धारित जवाब जो आने वाले हर प्रश्न का उत्तर हो, किन्तु हर उत्तर के साथ सौ प्रश्न भी होते हैं और अब तो सब्र भी नहीं।

"बलात्कार क्या होता है?" अमित ने पूछा।

एक गहरी जिज्ञासा मानो सारा राज खोलकर जीवन की प्रत्येक गुत्थियों को सुलझा लेना चाहता हो।

"बलात्कार तुम्हें नहीं मालूम?" श्वेता ने बीच में ही टोका।

"नहीं?" सबने एक साथ कहा।

"तुम लोगों को पता नहीं, स्कूल में रजत सर ने किरण मिस का बलात्कार किया था। मैं भी वहीं थी क्योंकि मिस से मैं अपनी होमवर्क की कॉपी चेक करवाकर लौट रही थी। तभी रजत सर मिस के कमरे में दाखिल हुए। कुछ देर बाद अन्दर से मिस की जोर से आवाज आयी। सब सर और मैडम वहाँ दौड़ पड़े। मैंने देखा, सर किरण मिस को कसके पकड़े हुए थे। बाद में सर को पुलिस पकड़कर ले गयी।"

"अच्छा!" सबने एक साथ कहा।

फिर एक जिज्ञासा जिसमें अनन्त जिज्ञासा "तो सर प्रिया के घर भी आये थे," प्रिया को देखकर आशीष पूछता है, "तुम्हें भी कसके पकड़े थे क्या?"

"नहीं, सर नहीं आये थे हमारे घर।"

एक छुपा हुआ रहस्य। आखिर कुछ अलग है यह बलात्कार, तभी तो प्रिया फिर से अपने को अलग महसूस करती है उस मण्डली से, जहाँ सभी अनभिज्ञ हैं। केवल प्रिया सब कुछ जानती है।

"तब बलात्कार कैसे हुआ?" अमित पूछता है।

मोनू अभी तक फुटबॉल से ही खेल रहा था। किन्तु स्वार्थ का रूप ऐसा है कि नजर सबकी रहे किन्तु अधिकार किसी एक का। इसमें अगर किसी की नजर नहीं तो अधिकार की भावना शिथिल पड़ जाती है। फुटबॉल पर चूँकि किसी की नजर नहीं थी तो मोनू का स्वार्थ भी बदल जाता है। सब प्रिया को ध्यानपूर्वक सुन रहे थे। मोनू भी उसी में अपना स्वार्थ ढूँढने का प्रयास करता है। प्रिया कहती है "मेरा बलात्कार बगल वाले रमण अंकल ने किया।"

मोनू की जिज्ञासा अब शुरू हो जाती है और कैसे-क्या का सिलसिला शुरू हो जाता है।

एक ऐसा प्रारम्भ जहाँ से सारे भेद खुल जायेंगे। प्रत्येक प्रश्न अपने आप में कल्पना है, आकाश है और सृष्टि तक पहुँचने की एक राह है। सच तो यह है कि सृष्टि की रचना करने वाले ईश्वर ने बच्चों के रूप में एक नये ईश्वर की रचना की है जिसमें सृजन की अपार सम्भावनाएँ हैं, जिसका अपना संसार होता है... जहाँ कुछ भी अर्थ-अनर्थ नहीं, सत्य-झूठ नहीं, शाश्वत नहीं... स्वीकार हो सकता है। वह इसलिए कि तर्क-कुतर्क के सारे मार्ग खुले होते हैं। प्रिया क्रमशः बोलती चली जाती है—

"परसों मेरे माँ-पापा नानी के घर गये थे, एक दिन के लिए। मुझे नहीं ले गये।" अब प्रिया की आवाज भारी होने लगती है। फिर भी वह बोलती है "स्कूल से आने के बाद जब मैं घर आयी तो रमण अंकल ने बताया था। मुझे वे अपने घर ले गये। वे बोल रहे थे कि मैं बहुत जिद्दी हूँ न! इसलिए बिना बताए माँ-पापा हमें छोड़कर एक दिन के लए नानी के घर गये हैं।"

बीच में दोस्तों ने मत व्यक्त करने चाहे या नयी प्रकार की जिज्ञासा प्रकट करनी चाही। किन्तु सम्भवतः प्रिया इन प्रश्नों से भिज्ञ थी। अतः धाराप्रवाह बोलती गयी "स्कूल से आने के बाद मैं बहुत रोयी। तब अंकल मुझे पार्क ले गये। वहाँ मुझको घुमाये। आइसक्रीम खिलाई। फिर रात को चॉकलेट भी दिये।"

तभी प्रिया की मम्मी कमरे के अन्दर प्रवेश करती है। सभी सतर्क हो जाते हैं, मानो कोई चोरी पकड़ी गयी हो या फिर ऐसा भेद खोला जा रहा है जिसे प्रिया की मम्मी को नहीं बताना है। मम्मी प्रिया को दवा खिलाती है और उसके दर्द के बारे में पूछती है। प्रिया इस प्रकार सिर हिलाकर उत्तर देती है कि उसकी मम्मी के साथ-साथ शायद वह भी न समझ पायी हो। परन्तु मम्मी के चले जाने के बाद—

"क्या रमण अंकल ने तुम्हें जोर से पकड़ा था, जो अभी भी दर्द है?" श्वेता ने पूछा।

"अरे बुद्धू, मेरा बलात्कार दूसरा है, सर वाला नहीं।"

"अच्छा!" श्वेता ने जिज्ञासा प्रकट की।

परन्तु इसके बाद प्रिया कुछ बोली नहीं। वातावरण बिल्कुल शान्त पड़ गया। नीरवता ने पल भर में ही चढ़ते उफान को धूमिल कर दिया। प्रिया की शुष्क आवाज अब घरघराने भी लगी। बच्चे शायद देर तक किसी विजय को सुरक्षित नहीं रख पाते। प्रिया के साथ भी कुछ ऐसा ही था। खासकर जब प्रिया को यह भी पता नहीं कि उसकी जीत का मर्म क्या है। वो तो बस उसे टटोलने का ही प्रयास कर रही है कि उसके बलात्कार होने से क्या हुआ है? क्या होने वाला है और क्या हो सकता है? किन्तु बालमण्डली इस आन्तरिक मर्म को समझ पाने में असमर्थ थी। अतः मोनू दोबारा पूछता है—

"फिर क्या किया था अंकल ने?"

प्रिया जो अचानक चुप होकर किसी सोच में डूब गयी थी, मोनू के पूछने पर उसका ध्यान टूटता है और वह शुष्क भाव से बोलती है "रात को तो अंकल ने मेरे कपड़े भी खोल दिये थे। मुझे पकड़ा था, साथ में सुलाया भी था। लेकिन उसके बाद... उसके बाद... बहुत जोरों का दर्द हुआ... और अब भी दुखता है...।"

संवादहीनता की एक ऐसी स्थिति जो माँ की प्रिया के साथ थी और अब प्रिया की बालमण्डली के साथ है, जिसमें पूरा माहौल मूक दर्शक बना हुआ है। कुछ कहने को बचा है... परन्तु क्या? वह खुद भी नहीं जानती। एक आशंका जो मन में है, बाहर भी है, किन्तु शब्द नहीं। शायद आह-कराह में ही सारे शब्द निकल जाते हैं। एक महासमर जो अन्दर में चल रहा है किन्तु बाहर उसकी छाया कुछ और है। बच्चों की ऐसी मानसिक अराजकता ही उसे बच्चा बनाती है। परन्तु क्या ये उसकी निर्बलता है? शायद नहीं! तभी तो प्रत्येक घटना का सुखद पहलू बच्चों का स्वार्थपरक दृष्टिकोण पल भर में बता सकता है।

प्रत्येक सृष्टि एक सम्पूर्ण जीवन है और जीवन अन्तर्द्वन्द्व से होकर गुजरता है। इस अन्तर्द्वन्द्व का प्रारम्भिक क्षण इन बालकों के छोटे से सीमाहीन दिमाग में उथल-पुथल मचा रहा है।

फिर से स्वार्थ की नयी कड़ी जुड़ती है। सब सोचते हैं कि इस बलात्कार ने प्रिया में बदलाव ला दिया है। सब उसे प्यार करते हैं, मानते हैं, फुटबॉल भी मिला, टॉफी भी देते हैं। स्कूल से भी छुट्टी है, मैडम भी याद करती हैं, अर्थात् सब कुछ अच्छा हो रहा है...। इसलिए प्रिया भाग्यशाली है कि उसके साथ बलात्कार हुआ।

"काश मेरे साथ भी बलात्कार होता!" एक आह जो सभी के मन से निकलती है क्योंकि इस बलात्कार से उन सबके जीने के ढंग में भी बदलाव आ जायेगा। बाद में बलात्कार के लिए सबमें सहमति हो जाती है।

"मैं तो पापा-मम्मी के साथ ही सोता हूँ। रात को मैं भी कपड़े खोलकर पापा को कसके पकड़ लूँगा, फिर मेरा भी बलात्कार हो जायेगा।" मोनू ने कहा।

"अरे पागल, बलात्कार पापा नहीं कर सकते न! वो तो रमण अंकल करेंगे।"—प्रिया कहती है।

"रजत सर भी तो कर सकते हैं।"—श्वेता ने टोका।

"हाँ, हाँ।" सबकी सहमति होती है।

"किन्तु ये दोनों तो जेल में हैं, अब क्या करें?"

तभी चंचल की सलाह से सबकी आँखों में चमक पैदा हो जाती है। चंचल कहता है—

"मेरे चाचा थाने में पुलिस हैं। हम उनको बोलेंगे कि हमको रजत सर से कुछ पूछना है। फिर हम सब मिलकर रजत सर को बलात्कार करने के लिए कहेंगे। तब हमें भी सब प्यार करेंगे।"

चंचल के प्रस्ताव पर सबकी सहनति हो जाती है और बालमण्डली प्रिया के घर से इसी आशा में निकल पड़ती है।

अन्तर्विरोध

मन बहुत अजीब सा हो रहा था। एक साथ कई परेशानियों ने धावा बोला था। बिल्कुल सोमवार के दिन बुलाए गये बन्द से सारा काम रुका पड़ा था। ऊपर से घर में आये वासुदेव चाचा भी बहुत खखोर रहे थे। इस सबसे बचने के लिए सोचा कि बाहर जाकर सिगरेट ही पी आऊँ। फिर कुछ काम का बहाना बनाकर घर से बाहर निकला तो पता चला कि लिफ्ट भी सुबह से ही खराब है। अब नौवें माले से नीचे उतरना और फिर ऊपर चढ़ना कोई छोटा काम तो था नहीं, लेकिन मैंने हिम्मत नहीं हारी। कम-से-कम अनचाहे मेहमान की बेवजह के तर्क से बचने के लिए मुझे समय बिताने का ये सुनहरा मौका लगा। मैंने हिम्मत करके सीढ़ियों को पार करना शुरू कर दिया। पता नहीं क्यों, मन में हलचल थी। शायद मन के किसी कोने में लगा हुआ था कि नौवें माले तक वापस चढ़ना भी है या फिर कि कितने समय तक घर से बाहर रहना है। आखिर अपने घर आये आगन्तुक से तो टकराना ही होगा।

दो दिन पहले जबसे मुझे पता चला कि मेरे एक दूर के रिश्तेदार वासुदेव चाचा मुम्बई आने वाले हैं, तभी से मेरे दिल में हलचल थी। मुझे बार-बार लगता रहा कि कैसे सारी व्यवस्था ठीक की जायेगी। मुझे बार-बार गुस्सा आ रहा था कि क्यों पापा ने उन्हें मेरा पता दिया। मुझे उन पर खीज हो रही थी, लेकिन मैं बिल्कुल निरुपाय होकर धीरे-धीरे सीढ़ियों से उतर रहा था। ऐसे वक्त में मुझे याद आने लगा कि जब मैं दिल्ली में था तो कैसे घर से आने वालों का स्वागत करता था। बंगाल में अपने घर आसनसोल जाने पर कभी पता चलता कि कोई वहाँ से दिल्ली आया और मुझसे मिले बिना वो घर वापस चला गया तो मैं बहुत ही नाराज होता था। एक बार दिल्ली में ही वासुदेव चाचा मेरे पास आये और कहने लगे कि वो मेरे गाँव से आये हैं और मैं उनका दूर का रिश्तेदार हूँ। फिर वो पापा और घर के तमाम सदस्यों के बारे में बताने लगे तो मैंने उन्हें अपने छोटे से कमरे में ठहरा दिया। बाद में घर फोन कर उनके बारे में पता किया तो पापा ने बताया कि वो दूर के रिश्तेदार हैं। पापा ने बताया कि वो बराबर दिल्ली आते हैं और किसी रिश्तेदार के यहाँ ठहरते हैं, लेकिन इस बार किसी वजह से वो मेरे यहाँ ठहर रहे हैं। इसके

अलावा ये भी पता चला कि वो एलआईसी एजेंट हैं और कुछ लोगों की एलआईसी पॉलिसी का प्रीमियम लेने दिल्ली आते हैं। ये जानकारी होने के बाद मुझे बेहद आश्चर्य हुआ कि क्या दिल्ली में एलआईसी की सुविधा नहीं है या फिर अच्छी सुविधा नहीं है जो कि वासुदेव चाचा डेढ़ हजार किलोमीटर दूर चलकर लोगों की पॉलिसी कराते हैं, लेकिन चाचा ने ही बताया कि दिल्ली में एलआईसी का बहुत बड़ा ऑफिस है और वहाँ सुविधाओं की भी कोई कमी नहीं है। अपने शहर से जो लोग दिल्ली आकर पैसे कमा रहे हैं, उनकी वो एलआईसी कराते हैं। इससे उन्हें भी थोड़ा-बहुत फायदा हो जाता है। वासुदेव चाचा को इसके लिए दिल्ली साल में एक-दो बार ही आना पड़ता है, तो कोई दिक्कत भी नहीं होती। सिर्फ आने-जाने का किराया ही तो लगता है। किसी रिश्तेदार के यहाँ रह लेते हैं, तो रहने-खाने में भी खर्च नहीं होता। चाचा ने बताया कि उन्होंने कोलकाता और मुम्बई में भी रह रहे अपने शहर के लोगों की एलआईसी पॉलिसी करवा रखी है। ये सब मुझे यकीन करने में काफी वक्त लगा।

ये जानने के बाद मैंने उनकी आवभगत में कोई कमी नहीं होने दी। हालाँकि उस समय मैं दिल्ली में पढ़ ही रहा था लेकिन वासुदेव चाचा को कहीं भी नहीं लगने दिया कि मैं अच्छी खातिरदारी नहीं कर सकता। यही बात बाद में मेरे लिए जी का जंजाल बनी। चाचा भले ही पहले जहाँ ठहरते थे वो बड़ा घर था, लेकिन वहाँ उनकी जमकर खातिरदारी नहीं की जाती थी। इसलिए वो अनचाहे मेहमान की तरह थे। आसनसोल जाकर वो उन लोगों की बड़ी बुराई करते थे, पर ठहरते भी वहीं थे। अब उन्हें नया ठिकाना मिल गया था। यहाँ उनके आवभगत में कोई कमी तो नहीं ही थी। वो अपने थोड़े-बहुत काम भी मुझसे करवा लिया करते थे। इसके अलावा मुझसे जमकर बातें करते। नयी-नयी तकनीक, शहर की पेचीदगियाँ और अपने छोटे से शहर से आये लोग दिल्ली में क्या कर रहे हैं। इन मुद्दों में उनकी काफी दिलचस्पी थी। वो आसनसोल जैसे शहर और राजधानी दिल्ली और मुम्बई जैसे मेट्रोपोलिटन शहर के बीच की कड़ी बने हुए थे। ऐसे में उनकी पूछ रिश्तेदारों में ज्यादा थी। बदलते समय के हिसाब से नये-नये विषयों, तकनीकों और राजनीतिक दाव-पेंचों में सबकी थोड़ी-बहुत जानकारी उनके पास होती थी। किसके लड़के को नयी-नयी नौकरी मिली है? किसके यहाँ सुन्दर, जवान और कुँवारी लड़की है, ये सब तो वो चुटकी में बता देते। अपने शहर के लोग बाहर गये हुए लोगों के बारे में सुनना पसन्द करते, तो दिल्ली और मुम्बई में रह रहे लोगों को अपने शहर का हालचाल सुनना काफी अच्छा लगता। खासकर दिल्ली और मुम्बई जैसे शहरों में रह रहे ये लोग बेटों की शादी अपने गाँव या शहर में ही करना पसन्द करते। इस वजह से वासुदेव चाचा आदतन बहुत अच्छे गप्पेबाज थे। मैं राजधानी दिल्ली के एक प्रतिष्ठित कॉलेज में पढ़ रहा था, तो मुझसे बढ़िया शख्स उन्हें कहाँ मिलता?

शुरू-शुरू में तो मुझे काफी अच्छा लगा, लेकिन बाद में मुझे समझ में आ गया कि इन बौद्धिक जुगालियों से कुछ हासिल होने वाला नहीं है। उल्टा समय की बर्बादी, पैसे की बर्बादी, लेकिन कोई समाधान नहीं हुआ, क्योंकि अब तो उन्हें ठहरने से मना नहीं कर सकता था और न ही उनकी बात मानने से इनकार कर सकता था। घर में सारे लोगों को मैंने ये बातें बताई, लेकिन बदनामी के डर से कोई क्या करे। आखिर घर के लोगों को तो उसी समाज में रहना है। दिल्ली आने के बाद उनकी फरमाइश भी बढ़ती जा रही थी। सुबह चाय के बिना उनकी नींद ही नहीं टूटती। नॉनवेज खाये बिना उनका पाखाना भी नहीं उतरता था। मैं मानो उनका नौकर ही बन गया था कि सुबह उठते ही पहले उनके लिए चाय का बन्दोबस्त करूँ। ये जानने के बाद कि उन्हें कहाँ-कहाँ जाना है, उनके लिए बस का नम्बर पता करना पड़ता। एक बार कुछ जरूरी काम होने की वजह से मैं घर में उन्हें सोता हुआ छोड़कर निकल गया तो वे बहुत नाराज हुए। मुझे काफी डाँटा। पापा को ये पता था कि मेरी कोई गलती नहीं, लेकिन फिर भी उन्होंने अपने समाज के लोगों के बीच बने रहने के लिए या फिर अपने मन की भड़ास निकालने के लिए मुझे डाँटा।

खैर, उसके बाद वासुदेव चाचा को दिल्ली में ठहराने की नौबत नहीं पड़ी। मेरा कोर्स दिल्ली में खत्म हो गया था। मैं एक पत्रकार बन गया था और मुम्बई में मेरी नौकरी लगी थी। मुझे इस बात की खुशी थी कि अब दिल्ली में नहीं रहना पड़ेगा। मुम्बई आने के बाद शुरू में मैं अपने दोस्त राहुल के साथ नायगाँव में उसके छोटे से कमरे में ठहरा। राहुल फिल्मों में एक्टिंग करने आया था, लेकिन एक्टिंग को छोड़कर अब वो फिल्म डायरेक्टर बनने के लिए संघर्ष कर रहा था। कई सालों से मुम्बई में रह रहे राहुल की हालत अच्छी नहीं थी, जबकि मैं कमा रहा था, इसलिए ठीक से रहना चाहता था। राहुल ने ही मेरी इच्छा को भाँपते हुए बताया कि अगर मैं कहीं और रहना चाहता हूँ तो फिर वो सांताक्रूज में एक फ्लैट ढूँढ देगा। मैंने राहुल से पूछा कि वहाँ तो दस-पन्द्रह हजार रुपये में भी फ्लैट न मिले, क्योंकि वो तो मुम्बई के पॉश इलाके में एक है। ज्यादातर फिल्मी हस्तियाँ अँधेरी और सांताक्रूज के इर्द-गिर्द रहती हैं। पास में जुहू बीच भी है, लेकिन राहुल ने पहले से ही मेरी आमदनी के अनुरूप साढ़े तीन हजार रुपये में एक कमरे का फ्लैट ढूँढ रखा था। उसने जब बताया कि सिक्योरिटी डिपोजिट भी सिर्फ तीस हजार रुपये होंगे तो मेरी खुशी का ठिकाना नहीं रहा।

मैंने अपने दोस्त से फ्लैट सस्ता होने की वजह पूछी तो उसने बताया कि जिस इलाके में फ्लैट है, वहाँ पहले झोंपड़पट्टी थी। बिल्डरों ने उसे तुड़वाकर वहाँ सैकड़ों फ्लैट बनवा दिये। वहाँ रहने वाले सभी लोगों को एक-एक फ्लैट मुफ्त में दे दिया। शुरू-शुरू में मुझे हजम नहीं हुआ कि झोंपड़पट्टियों में रहने वालों को

मुफ्त में फ्लैट दिया गया होगा, लेकिन राहुल ने मुझे इसका पूरा गणित समझाया और कहा कि झोंपड़पट्टियों में रहने वाले लोग फैले हुए होते हैं। अगर उसमें मल्टी स्टोरी फ्लैट बना दिये जायें तो बहुत ही कम जमीन में सैकड़ों लोगों के रहने के लिए मल्टी स्टोरी पक्के मकान बन जाते हैं। इसके बाद बची हुई जमीन में मार्केट और रहने के लिए महँगी सोसाइटी बनाकर बिल्डर करोड़ों-अरबों रुपये कमा लेते हैं। अब ये जानने के बाद मुझे लगने लगा कि आखिर क्यों ये झुग्गी-झोंपड़ी में रहने वाले सिर्फ एक फ्लैट की खातिर अपनी बेशकीमती जमीन दे देते हैं।

खैर, राहुल सांताक्रूज ले जाकर मुझे वहाँ के फ्लैट दिखाए। मेरा फ्लैट सांताक्रूज स्टेशन से बिल्कुल पास ही था। दस मिनट पैदल चलने के बाद ही हम वहाँ पहुँच गये। बड़े-बड़े मार्केट से गुजरने के बाद बस अड्डा आया। राहुल ने बताया कि मुम्बई में बस डिपो को बस आगार कहते हैं। सांताक्रूज बस आगार से ही उसने पास की कुछ बिल्डिंगों को दिखाकर बताया कि मेरा फ्लैट कहाँ है। पास जाकर देखा तो वहाँ कई बिल्डिंगें थीं, लेकिन सारी दो भागों में बँटी हुई थीं। मुझे राहुल का झोंपड़पट्टी वाला गणित समझने में देर नहीं लगी। एक तरफ बड़ी ही साफ-सुथरी और भव्य सी दिखती सोसाइटी थी और दूसरी तरफ गन्दी सी सोसाइटी। हालाँकि दोनों ही नयी थी, लेकिन एक तरफ का रंग बिल्कुल मरियल सा था। लगता था कि सालों पहले उसमें सफेदी करवाई गयी हो। राहुल ने बताया कि दोनों तरह की सोसाइटी कुछ ही दिनों में तैयार की गयी हैं। साथ ही उसने इशारे से दिखाकर बता दिया कि ये झोंपड़पट्टी के पास वाली सोसाइटी के एक फ्लैट का किराया पन्द्रह हजार रुपये है। मेरी सोसाइटी में एक फ्लैट की कीमत पाँच लाख रुपये तो उसके एक फ्लैट की कीमत सिर्फ पचास लाख रुपये। मुझे याद है राहुल ने सिर्फ शब्द जोर देकर कहा था।

मैं ग्रीन पार्क को-ऑपरेटिव हाउसिंग सोसाइटी में दाखिल हुआ। इसके बाद ही मुझे पता चला कि मेरा फ्लैट नौवें माले पर है और फिलहाल लिफ्ट चालू नहीं है। पास जाकर देखा तो लिफ्ट का काम चल रहा था। मुम्बई में मैं नया-नया आया था, इसलिए उत्साह में कोई कमी नहीं थी। धीरे-धीरे सोसाइटी की सीढ़ियों को फाँदना शुरू किया। हर फ्लैट और कोनों पर मेरी नजर थी। मैंने देखा कि हर माले पर देवनागरी में 'कृप्या थूका न करूं' लिखा हुआ है। मैंने राहुल को बताया कि–

"देखो राहुल लिखा हुआ है कि कृप्या न थूकें।" मैंने उँगली के इशारे से राहुल को दिखाया।

"वाह यार तुम्हें तो मराठी आती है।"

"हाँ भई, पत्रकारों को थोड़ी-बहुत सारी भाषाओं की जानकारी होती है।" मैंने अपना सीना फुलाते हुए कहा।

"लेकिन यार, लोगों ने वहीं पान के पीक थूके हैं।" मैंने गन्दगी देखकर थोड़ा निराश होते हुए कहा।

"क्या करोगे दोस्त, यहाँ रहने वाले बाकी लोगों को तुम्हारी तरह मराठी नहीं आती है न!"

राहुल की इस बात पर हँसते-हँसते हम सीढ़ियों से ऊपर चढ़ते रहे। लेकिन सोसाइटी की गन्दगी देखकर मैं हैरान था। जगह-जगह गन्दगी बिखरी पड़ी थी या फिर ये कहें कि गन्दगी ने अपना साम्राज्य बना लिया था। हर फ्लैट के आगे उर्दू, मराठी, हिन्दी या अंग्रेजी में कुछ-न-कुछ लिखे हुए थे। लेकिन ज्यादातर मराठी और उर्दू में ही लिखे हुए थे। हरेक फ्लोर में गैलरी के कोने-वाले फ्लैट में लोहे का जालीनुमा दरवाजा लगाकर गैलरी के आखिरी छोर को बन्द कर दिया गया था। आखिरी फ्लैट होने की वजह से उन लोगों ने अपने सामने वाली गैलरी पर भी कब्जा जमा लिया था। मुझे लगा कि अगर किसी ने सीढ़ी के सामने वाली गैलरी को भी घेर लिया तो क्या होगा? मेरी इस तरह की चिन्ता को देखकर राहुल ने कहा—

"यार झोंपड़पट्टी में रहने वालों की मानसिकता कभी नहीं बदलेगी।"

"हाँ राहुल सही कहते हो, लेकिन ये इतने गरीब हैं या फिर कहें कि इनके पास जगह की इतनी कमी है कि ये क्या करें?"

नौवें माले तक की सीढ़ियों को फतह करने के बाद जब गैलरी पर चलने लगा तो मैं तिरछी निगाहों से बाकी फ्लैट को देखने लगा। दूसरे के फ्लैट में झाँकने से अन्दाजा हो गया कि वो कितना बड़ा है। करीब चार फ्लैट ही गुजरने के बाद मालूम हो गया कि एक-एक फ्लैट में कम-से-कम दस-बारह लोग रहते हैं। इतना ही नहीं, नौवें माले तक पहुँचते-पहुँचते गन्दगी ने मेरे मन में विकराल रूप धारण कर लिया था। मैं अपने फ्लैट पर पहुँचा। वहाँ वाकई गन्दगी का ढेर था। कई सामान बिखरे पड़े थे। एक-दो टूटी बाल्टी, कुछ बरतन, एक छोटा-सा दीवान जिसके अन्दर का हिस्सा टूटा होने की वजह से उसे सिर्फ चौकी ही कहा जा सकता है। साथ ही कई दर्जन कॉकरोच। एक-दो चूहे भी इधर-उधर कूदते-फाँदते नजर आये, मानो वो चोर-सिपाही का खेल खेल रहे हों। मुम्बई में अपने फ्लैट में रहने का मेरा धैर्य जवाब दे रहा था, लेकिन राहुल ने मेरे सपने टूटने नहीं दिये। उसने तर्कों का ऐसा जाल बुना कि मुझे लगा कि अगर यहीं पर साफ-सफाई कर दी जाये तो बाहर की दुनिया कैसी भी हो अकेले रहने के लिए ये फ्लैट किसी आलीशान मकान से कम नहीं।

फिर बाथरूम देखा, जो बाहर से देखने पर तो फिट नजर आ रहा था। बाथरूम कमोबेश बड़ा ही था, लेकिन इसमें लगे पुराने जमाने के नल, शॉवर इसकी खूबसूरती पर बट्टा लगा रहे थे। बाथरूम इस तरह से बना था कि नहाने के बाद पानी नालियों

से नीचे जाने की बजाय कमरे में फैल जाये। पूरे फ्लैट में कम दाम के ही सही, पर मार्बल बिछाए गये थे। शीशे की दो बड़ी-बडी खिड़कियाँ थीं, जो राहत देने वाली थीं। उसे देखकर लगा कि कम-से-कम मैं अपने कमरे में कैद नहीं रहूँगा। पूरे घर में रोशनी होगी, लेकिन इसमें भी खलल पड़ गया। मैंने पाया कि सामने वाली सोसाइटी के घर की खिड़कियाँ भी बिल्कुल मेरे फ्लैट जैसी ही हैं। एकदम आमने-सामने। दोनों ही फ्लैट पूरी तरह से एक-दूसरे के लिए खुला हुआ है। यानी दोनों के बीच एक पुलनुमा गैलरी बना दी जाये तो एक ही फ्लैट हो जाये। फिर कमरे से मैं किचन की तरफ आया तो देखा कि सामने वाले किचन में एक कम उम्र की सुन्दर और छरहरी-सी औरत खड़ी थी। औरत इसलिए क्योंकि उसकी माँग में सिन्दूर की मोटी परत जमी थी, मानो उसने अपने शादी-शुदा होने का सबूत देने के लिए सिन्दूर की पूरी डिब्बिया ही थोप ली हो। औरत के पेट फूले हुए थे और वो अपने पेट को सहला रहो थी।

"भई यहाँ तो भाभी जी भी पहले से जमी हुई हैं।"

"हाँ, और अपने साथ बोनस भी लिये हैं।" मैंने बात को आगे बढ़ाया।

"अब तुम्हें मुम्बई में दोस्तों की कमी नहीं खलेगी।" राहुल ने मजे लेते हुए कहा।

मुझे लगा कि अपने पेट पर हाथ फेर रही औरत हमें अपनी तरफ घूरता हुआ न देख ले। इसलिए उधर से नजरें फेरनी चाही, लेकिन वो वाकई देख चुकी थी, पर उस कमसिन भाभी जी ने पेट पर अपना हाथ फेरना नहीं रोका, बल्कि हमें एकटक घूरते हुए और प्यार से अपने काम में डटी रही। हमें ही शर्म से वहाँ से हटना पड़ा। कमरे में कुछ सामानों को एक तरफ किया और फिर दीवान उर्फ चौकी को बैठने लायक बनाया

"राहुल इस मकान का मालिक कहाँ रह रहा है? क्या उसने झुग्गियों में रहते-रहते अपने मकान भी बना लिए? या बिल्डर ने उसे दो फ्लैट दे दिये?"

"नहीं यार, उसने कहीं और झुग्गी बना ली है। एक तो उन्हें पक्के मकानों में रहने की आदत नहीं, ऊपर से कहाँ वो इसका मेनटीनेंस देंगे? बल्कि यहाँ से तो आमदनी हो रही है।"

"लेकिन इसका मेनटीनेंस तो सिर्फ दो सौ रुपये ही है।"

"गरीबों के लिए दो सौ रुपये भी बहुत होते हैं। इनको गन्दी जगहों में रहने की आदत होती है। एक तो ये मुफ्त में नयी झुग्गी पर चले गये। ऊपर से हर महीने उन्हें साढ़े तीन हजार रुपये की आमदनी भी हो जायेगी।"

ये जानकर मुझे काफी आश्चर्य हुआ, लेकिन इसी को देखते हुए मैंने अपना सिक्योरिटी डिपॉजिट भी पैंतीस हजार रुपये से कम करवाकर सिर्फ बीस हजार रुपये करवा लिया क्योंकि मुझे डर लग रहा था कि कहीं फ्लैट छोड़ते वक्त वो

मेरा डिपॉजिट डकार न ले। मकान मालिक ने भी बड़ी ही आसानी से इसे कम कर दिया। साथ ही रूम का किराया भी पाँच सौ रुपये कम हो गया। इसके अलावा यहाँ रहने की भी कई सुविधाएँ थीं। हर तरह के मजदूर सोसाइटी में ही मौजूद थे। मैंने सबसे पहले बगल वाले फ्लैट में रह रहे एक मजदूर से अपना फ्लैट साफ करवाया। फिर बाथरूम और किचन का फर्श ठीक करवाया। प्लम्बर वाले से कपड़े टाँगने के लिए टँगना लगवाया।

फ्लैट की साफ-सफाई कराने के दो दिन बाद जब मैं घर शिफ्ट कर रहा था, उस समय लिफ्ट तो बन्द ही थी। ऊपर से कोई मजदूर भी नहीं मिला, जो मेरे सामान को नौवें माले तक ले जाये। ये जानने के बाद मेरे साथ आये राहुल और एक दोस्त के पसीने निकल गये। सामान बहुत तो नहीं था, लेकिन किताबें ज्यादा होने से वो दिखता तो कम था, पर बहुत भारी था। ऑटो वाले और सिक्योरिटी गार्ड को साथ लेकर ही हम एक बार में सामान ऊपर ले जा सकते थे। सिक्योरिटी और ऑटो वाला तो बड़े मजे से सीढ़ियाँ चढ़ रहा था, लेकिन हम तीनों का बुरा हाल था।

अब भी वही हाल था, उस समय शारीरिक तौर पर और अब मानसिक तौर पर... सीढ़ियाँ उतरते हुए लग रहा था कि पैर दस-दस किलो के हो गये हैं। मुझे बार-बार खीज हो रही थी कि आखिर क्यों पापा ने वासुदेव चाचा को बताया कि मैंने मुम्बई में फ्लैट ले लिया है। फिर मैं अपने ऊपर खीजने लगा कि आखिर मैंने ही क्यों अपने पापा-माँ को बताया कि मैं फ्लैट में रह रहा हूँ। मुझे याद है कि जब मैंने अपना फ्लैट लिया था तो साफ-सफाई करने के बाद सबसे पहले माँ-पापा की तस्वीर ही पुरानी टीवी के ऊपर रखी थी और पल-भर उनकी तरफ देखता रहा था। फिर हजारीबाग से पन्द्रह साल पहले खरीदी गयी सरस्वती माँ की तस्वीर दरवाजे की तरफ ही ऊँचाई में लगी कील पर लगाई थी। माँ सरस्वती की ये तस्वीर पिछले पन्द्रह साल से मेरा साथ दे रही है। मैंने विद्या की देवी को प्रणाम करने के बाद कपड़े को करीने से टँगने पर लगाया। सामान को व्यवस्थित तरीके से लगा देने के बाद अब ये फ्लैट मेरे लिए महल के सामान था।

फिर अपनी खुशी बाँटने के लिए मैंने सबसे पहले अपने घर फोन किया और पापा को बताया कि अब मुम्बई में मेरा भी एक फ्लैट हो गया है। मैंने पापा को यहाँ जल्द-से-जल्द आने का न्यौता भी दिया। मुझे याद है कि जब मैंने पापा से बातचीत की थी तो वासुदेव चाचा को इस बात की जानकारी देने से भी मना किया था। मैंने कहा था कि अगर वो पूछें तो बता दें कि मैं पेइंग गेस्ट के तौर पर रह रहा हूँ, जहाँ किसी के आने की अनुमति नहीं है। इस मौके पर मैं ये सोचकर बेहद खुश था कि पापा-माँ यहाँ आयें और देखें कि मैं खुद की कमाई से मुम्बई में एक फ्लैट लेकर रह रहा हूँ। वाकई पापा भी मेरी तरह ही बहुत खुश थे। उन्होंने

भी अपनी खुशी लोगों में बाँटी थी। साफ था कि वासुदेव चाचा को इसकी भनक लग गयी थी। ये सोचते ही मुझे पापा पर गुस्सा आने लगा।

शुरुआत में दिन भर ऑफिस में लोगों के बीच काम करना और फिर घर आकर अकेले में सोचना, लिखन-पढ़ना मेरे लिए एक नया अनुभव था। ये सब चीजें मुझे मेरे अस्तित्व का बोध करा रही थीं। मुझे अपने ऊपर गर्व की अनुभूति होती थी, लेकिन एक बार अभ्यस्त हो जाने के बाद ये सब छू-मन्तर हो गया। फ्लैट में रहने की दिक्कतें धीरे-धीरे सामने आती जा रही थीं। पानी सुबह दस बजे सिर्फ आधे घण्टे के लिए ही आता है। वैसे तो ये आधे घण्टे का पानी भी मेरे जैसे दोपाये के लिए काफी था, पर ऑफिस में शिफ्ट बदलते ही मुझे दिक्कत होने लगी। सुबह छह बजे वाली मॉर्निंग शिफ्ट के शुरू होते ही मैं पानी भर नहीं पा रहा था। इससे पानी की घोर दिक्कत होने लगी। इसके अलावा आस-पास के लोग भी परेशान करते रहते। गैलरी में बच्चे क्रिकेट, फुटबॉल खेलते। मना करने के बाद वो बच्चे और शैतानी पर उतर आते। कॉलबेल बजाकर मुझे और परेशान करते। थक-हारकर मैंने अपना कॉलबेल ही तोड़ दिया, लेकिन बच्चे तो बच्चे, बड़े भी कम नहीं... कोई पानी माँगने आता तो कोई पेपर। पेपर वाला अगर भूल-चूक से पेपर दरवाजे के बाहर के सीखचों के बीच खोंसकर चला जाये तो फिर वो मिलना मुश्किल ही था।

एक बार एक औरत ने तो मुझे शिवसेना का कार्यकर्ता समझकर मेरे दरवाजे खुलवाए और खुद ही बिना बुलाए घर के अन्दर आकर दीवान पर बैठ गयी। कहने लगी वो पास के ही फ्लैट में रहती है और वो भी शिवसेना की कार्यकर्ता है। फिर शिवसेना के कामों के बारे में बताने लगी। काफी देर तक उसकी बकवास सुनने के बाद मैंने थक-हार कर ये पूछ ही लिया कि आखिर वो मुझे ये सब क्यों बता रही है? उसने बताया कि मेरे घर के बाहर बाल ठाकरे की तस्वीर लगी है। तस्वीर लगा देखकर उसने मुझे शिवसेना का कार्यकर्ता समझ लिया है और मुझसे गप्पें मारने आ गयी। फिर मुझे याद आया कि जहाँ मैं रहता हूँ वहाँ ज्यादातर मुसलमान रहते हैं और मेरा मालिक रूढ़िवादी होने के साथ ही एक कट्टर हिन्दू है, इसलिए उसने दरवाजे के बाहर बाल ठाकरे की तस्वीर लगा रखी है, ताकि आस-पास के लोग उसे परेशान न कर सकें। खैर, मैंने शिवसेना की उस कार्यकर्ता से माफी माँगकर उसे बाहर का रास्ता दिखा दिया, लेकिन परेशानियाँ कम नहीं हुईं। आस-पास के लोग जब मेरे बारे में जान गये कि मैं एक पत्रकार हूँ और पूरे फ्लैट में अकेला रहता हूँ तो मैं अचानक से उन लोगों के बीच धन्ना सेठ भी बन गया। सिक्योरिटी वाला जब-तब मुझसे पान या चाय पिलाने की फरमाइश करता रहता। एक बार तो एक महिला ने लिफ्ट में ही मुझे घेर लिया और अपने घर की परेशानियाँ बताने लगी। मुझे इसका मर्म तब समझ में आया जब वो अपने बच्चे के स्कूल

की फीस भी उधार के तौर पर माँगने लगी। मना करने पर वो गिड़गिड़ाते हुए कहने लगी कि वो वापस कर देगी। मैंने बार-बार कहा कि मेरे पास पैसे नहीं हैं, लेकिन वो कहती रही कि इतने बड़े फ्लैट में मैं अकेला रहता हूँ तो मेरे पास पैसे जरूर होंगे। मैं चौथे माले पर ही लिफ्ट से बाहर निकल गया था। फिर अपना सिर धुनते हुए सीढ़ियों से ऊपर जाने लगा था।

उस समय मैं परेशान हो गया था। अब भी मैं परेशान था और अपने सिर धुन रहा था। आश्चर्य तो ये है कि अब भी मैं चौथे माले से ही गुजर रहा था। गुजर क्या... खिसक रहा था। दो दिन पहले भी इसी तरह से खिसक रहा था जब मुझे पता चला कि वासुदेव चाचा आने वाले हैं। मेरी परेशानी तब और बढ़ गयी जब मुझे पता चला कि उसके बाद वाले दिन कुछ राजनीतिक दलों ने मुम्बई बन्द का ऐलान किया हुआ है, यानी चाचा पूरे दिन घर में डटे रहेंगे। ये सोचकर मैं परेशान हो गया। फिर मुझे सिगरेट पीने की इच्छा होने लगी। मैं लिफ्ट की बजाय सीढ़ियों से ही नीचे उतरने लगा। मुझे तब भी दिल्ली की उनकी बातें याद आती रहीं। मुझे लग रहा था कि वो बहुत परेशान करेंगे। पानी या दूसरी दिक्कतों को तो मैं सहन कर लेता हूँ, लेकिन अगर इनको दिक्कत हुई तो घर जाकर मेरी बदनामी करते रहेंगे। कहेंगे, नौकरी क्या खाक कर रहा है? इससे बढ़िया तो वो तब रहता था जब नहीं कमाता था। कहेंगे कि उनके आने की वजह से मैं तमाम दिक्कतें गिना रहा हूँ।

सोमवार को बन्द होने के कारण मैंने छुट्टी ले ली थी। रात को उनको रिसीव करने छत्रपति शिवाजी टर्मिनल गया। वो बहुत खुश हुए। मेरे बारे में काफी बातें करने लगे। कहने लगे, कि मैंने पूरी बिरादरी का नाम रोशन किया है। सारे के सारे लोग तो बस तराजू की डण्डियों में ही चिपके रहते हैं। उन्हें दाल, चावल, तेल, चीनी के दाम से ज्यादा कुछ नहीं सूझता, लेकिन मैंने लीक से हटकर अलग काम किया है। ये सुनकर मुझे काफी अच्छा लगा।

रात को डिनर के लिए वासुदेव चाचा को जुहू बीच ले गया। समंदर की लहरों के किनारे पैंसठ रुपये वाले अनलिमिटेट परांठों की दुकान पर गया और सात-आठ तरह के परांठे जमकर खाये। वहीं उन्होंने बताया कि मुम्बई में तो अभी कम ही लोगों के पास उनकी दी हुई पॉलिसी है, लेकिन मेरे आने के बाद वो अब बड़े ही इत्मीनान से अपना ग्राहक ढूँढेंगे। हाँ, वो ये जताना नहीं भूले कि उनका मुम्बई आने का मुख्य इरादा तो मुझसे मिलने का था। डिनर के दौरान ही चाचा ने बता दिया था कि वो मेरा भी इन्श्योरेंस करवाएँगे क्योंकि अब मैं भी कमाने लगा हूँ। उन्होंने बताया कि इस सन्दर्भ में वो मेरे पापा से भी बात कर चुके हैं। रात में डिनर के बाद हम दोनों का मूड काफी अच्छा था। जुहू से आते ही चाचा टूटे हुए दीवान पर पसर गये, जबकि मैंने दिल्ली से लाई हुई पुरानी फटी चटाई

पर पनाह ली। सुबह उठते ही मैंने उनके लिए चाय बनाई। चाय पीते-पीते उन्होंने मुझे दो-चार सलाह भी दे डाली–

"अब चाय या खाना बनाने के लिए बेटा तुम एक कुक रख लो।"

"हूँ।" मैंने सुबह-सुबह इस तरह के अनायास सलाह को सुनने के बाद कहा।

"बल्कि मैं तो कहता हूँ कि अगर तुम चाहो तो गाँव से ही किसी छोटे बच्चे को भेज दूँ, तुम्हारा काम भी कर देगा। साथ ही अकेले रहते हो तो उससे दिल भी लग जायेगा।"

"चाचा यहाँ काम करने के लिए दाइयाँ मिल जाती हैं, तो फिर वहाँ से किसी बच्चे को क्यों लाया जाये?" मैंने अनमने ढंग से कहा, "इसके अलावा उस बच्चे को कौन देखेगा?"

चाचा समझ गये कि उनकी बातों में मैं दिलचस्पी नहीं ले रहा हूँ। उन्होंने अब मुद्दा बदलते हुए राजनीतिक राग छेड़ दिया। वो यहाँ के राजनीतिक दलों को गालियाँ देते हुए कहने लगे–

"कुछ काम नहीं है... विकास का कोई काम करते तो हैं नहीं, बस अपना रौब दिखाने के लिए बन्द करवा देते हैं। ये पता चलता ही नहीं कि हम जैसे लोग कहाँ से जिएँगे?"

फिर बिहार-झारखंड की राजनीतिक व्यवस्था पर आरोप लगाते हुए कहने लगे कि 'वहाँ तो लोग सिर्फ जाति के नाम पर बर्बाद हुए जा रहे हैं।' इसी दौरान बिहार और झारखंड में चुनाव हो रहा था तो वो भला कैसे जिक्र न करते। चाचा के इन राज्यों में कई क्लाइंट हैं। चाचा कहते हैं–

"बेटा उन राज्यों का तो और बुरा हाल है। कुछ भी करेंगे तो जाति के नाम पर। नेता भी इसी सब पर ध्यान देते हैं। विकास का नामोनिशान तक नहीं है। लोगों के पास काम नहीं है। लोग बेरोजगार हो रहे हैं। इसी वजह से वहाँ नक्सलवाद पैर पसार रहा है।"

थोड़ी देर वो चुप रहे, लेकिन मेरी तरफ से कोई प्रतिक्रिया नहीं देख उन्होंने फिर कहा–

"मैं तो कहता हूँ, कि हम जैसे लोग जो नक्सलियों का समर्थन नहीं कर रहे, वो तो जी भी नहीं सकते, बल्कि बेटा तुम जैसे लोग जो अपनी बिरादरी से यहाँ आये हो, अगर हमारी पॉलिसी न लें तो भूखे पेट मरने की नौबत आ जाये।"

"लेकिन चाचा यहाँ भी तो जाति वाली बात हो गयी।" मैंने छेड़ते हुए कहा।

इतना सुनते ही चाचा भडक गये क्योंकि मैंने उनके बिजनेस पर ही हमला बोल दिया था। कहने लगे–

"बेटा अभी तो कमाने की शुरुआत है अभी से तुम इस तरह की बातें करने लगे।" फिर अचानक से संयमित होकर बोलने लगे, कि "बेटा, तुम लोगों को

तुम्हारे माँ-पापा ने ठीक से पढ़ाया-लिखाया तो तुम्हें अच्छी नौकरी मिल गयी, लेकिन हम तो ठीक से पढ़ भी नहीं पाये। अब तुम्हीं लोग कमाकर पॉलिसी करवा लेते हो तो इसमें जाति-बिरादरी वाली कौन-सी बात है।"

अपने ऊपर बात आने के बाद अब चाचा के लिए और मेरे लिए भी इस तरह की बातों का कोई मतलब नहीं रह गया था। इसलिए काफी देर तक दोनों चुप रहे, लेकिन फिर किसी तरह की बात को टालने के लिए चाचा ने अपनी बरसों पुरानी अरिस्टोक्रेट की अटैची सँभालकर खोली और पॉलिसी के कागजात निकालने लगे।

"बेटा, कलम दे दो, बन्द का दिन है। कहीं जा तो पाऊँगा नहीं। इसलिए तुम्हारे लिए एलआईसी पॉलिसी के कागजात ही भर देता हूँ।"

"अभी!" मैंने आश्चर्य से पूछा।

"हाँ बेटा, कोई दूसरा काम नहीं तो तुम्हारा ही सही, लेकिन घबराओ नहीं ज्यादा का नहीं बनाऊँगा। सिर्फ एक लाख रुपये का ले लो। अभी तुम्हारी नयी नौकरी है। जब पुरानी हो जायेगी तो मैं और बड़े प्रीमियम की पॉलिसी दूँगा। इसके बाद तुम्हारी शादी होगी, तो अपनी बहू के लिए एलआईसी का भी तो हमें ही सोचना पड़ेगा।" काफी अधिकार जताते हुए उन्होंने कहा। फिर कुछ देर रुककर अचानक से बोल पड़े—"हाँ, रात में ही मैंने सोच लिया है, तुम्हें साल में सिर्फ सात हजार रुपये ही देने पड़ेंगे।"

"लेकिन अभी तो इतने पैसे हैं नहीं।" मैंने टालने के अन्दाज में कहा।

"कोई बात नहीं, अभी जितना हो दे देना। बाकी अब तो आना-जाना लगा ही रहेगा, तुमसे कभी भी ले लूँगा।"

"ठीक है।" मैं कुछ और नहीं कह सका।

"लेकिन जितने भी दो, खुल्ले मत देना। पाँच सौ या हजार के नोट ही देना। नहीं तो ले जाने में दिक्कत होगी।" चाचा ने अधिकार जताते हुए कहा।

"चाचा आप अपना एकाउंट नम्बर दे दीजिए। मैं अपने एकाउंट से ट्रांसफर कर दूँगा। आप अपने बैंक से निकाल लीजिएगा।"

"नहीं बेटा, ये बैंक का चक्कर खराब है, मुझे तो इसमें कुछ भी समझ में नहीं आता।"

"क्यों चाचा?" मैंने आश्चर्य जताते हए पूछा। फिर बात टालने के अन्दाज में कहा, "मैं तो एटीएम कार्ड से पैसे निकालूँगा, बैंक से जिस तरह के नोट निकलेंगे, वही नोट मैं आपको थमाऊँगा, मैं तो कुछ कर सकता नहीं।"

"इसीलिए तो मैं कहता हूँ बेटा कि ये बैंक का चक्कर खराब है। कुछ भी अपने वश में नहीं और एटीएम का तो पूछो ही मत।"

इसके बाद एटीएम पर एक नयी बहस शुरू हो गयी। मुझे भी नया-नया

एटीएम कार्ड मिला था। इसलिए मैं चर्चा में पूरी तरह से शामिल था। मेरे छोटे से शहर में नयी एटीएम मशीन लगने के बाद चाचा ने वहाँ एटीएम कार्ड बनवा लिया था। वासुदेव चाचा ने कहा—

"बेटा क्या बताऊँ, घर के पास ही एसबीआई की नयी एटीएम मशीन लगी है। मुझे तो हमेशा दिल्ली, मुम्बई या कोलकाता जाना ही पड़ता है। सोचा कि मेरे लिए ये बहुत फायदेमन्द होगा। इसलिए मैंने भी एटीएम कार्ड बनवा लिया। शुरू में जब कार्ड बनवाया तो मशीन ठीक ही थी। जब बहुत सारे लोगों ने कार्ड बनवा लिया तो बाद में मशीन ही खराब रहने लगी। एक बार तो मुझे दिल्ली के लिए रात में ट्रेन पकड़नी थी और मैं इसी भरोसे में था कि एटीएम से रात को ही पैसे निकाल लूँगा, लेकिन बेटा पैसे निकालने गया तो देखा कि मशीन ही खराब पड़ी है। कई लोग इसी तरह से दिक्कत में फँसे हुए वहाँ खड़े थे। पूछा कि मशीन कब ठीक होगी, तो वहाँ खड़ा पहरेदार बताने लगा कि इंजीनियर को बता दिया गया है। वो कल सुबह ही पटना से आयेगा, फिर दोपहर को पहुँचकर ठीक करेगा। मत पूछो कि कितनी दिक्कत हुई। दिल्ली न जा पाया।"

"लेकिन आप दिल्ली में भी तो एटीएम से पैसे निकाल सकते थे।" मैंने बीच में ही टोकते हुए चाचा को कहा।

"घर चलाने के लिए भी तो पैसे होने चाहिए। मैं बाहर निकलने से पहले तुम्हारी चाची को घर के खर्च के लिए पैसे देकर जाता हूँ। उसके पास तो फूटी कौड़ी भी नहीं थी।" चाचा ने इस भाव से कहा मानो बाहर के अलावा घरेलू कामकाज की भी चिन्ता उन्हें ही करनी पड़ती है।

"चाचा मशीन तो खराब हो ही सकती है। आप सिर्फ इसी पर तो निर्भर नहीं रह सकते।" मैंने असहमति जताते हुए कहा "एकाध दिक्कत छोड़कर इसकी सुविधाएँ भी तो देखिए। अब आपको कहीं भी पैसे ले जाने की जरूरत नहीं है। बस कार्ड रखिए और खाली जेब घूनिए। कहीं किसी भी तरह की पॉकेटमारी का भी खतरा नहीं।"

"मेरे साथ ये सब होने के बाद भी तुम ऐसा ही कह रहे हो।" चाचा ने इस तरह घूरकर कहा मानो वो शिक्षक हों और किसी बात को समझा रहे हों जबकि मैं बार-बार गलत बात ही दोहरा रहा हूँ।

"लेकिन चाचा अगर यहाँ एक मशीन खराब हुई तो दूसरी जगह जाकर पैसे निकाल लीजिए। दूसरी जगह खराब हुई तो तीसरी जगह... "

"बेटा हर जगह इतनी मशीन तो है नहीं। गाँव में मशीन खराब हुई तो पैसे निकालने पचास किलोमीटर दूर दूसरे शहर जाऊँ और वहाँ भी मशीन खराब हुई तो फिर क्या करें? ये सब बड़े शहरों में ही सम्भव है। मान लो एटीएम मशीन मिल भी जाये, लेकिन सोचो कि मशीन से जो नोट निकलते हैं, वो कितना खर्रा

होता है... चम-चम करता हुआ नया नोट। अब इतना नया नोट कहाँ से आयेगा और मशीन से तो फटा-पुराना नोट नहीं आ सकता। मैं तो कहता हूँ कि इसके भरोसे में मत रहना। कभी भी इसका नोट खत्म हो सकता है। गाँव में भी कई बार मशीन के नोट खत्म हो जाते हैं। लोग घण्टों लाइन में लगे रहते हैं, उसके बाद बैंक वाले मशीन में नोट भरते हैं।"

साफ था कि चाचा मानने को तैयार नहीं थे और अपनी बात सिद्ध करने के लिए वो कुछ मिर्च-मसाला लगाकर घटनाओं को सुना रहे थे। चाचा को दिक्कत हुई है, इसलिए कितना भी नया और अच्छा क्यों न हो, वो खराब है। मुझे याद आ रहा था कि जब प्रधानमन्त्री सड़क योजना के तहत सड़कों का जाल फैलाया जा रहा था तो उसी समय दिल्ली से कोलकाता के रास्ते को चार लेन में तब्दील किया गया था। बहुत ही चौड़ी साफ-सुथरी और विशाल सड़क की लकीर खींच दी गयी थी। दिल्ली में मुलाकात के दौरान मैंने चाचा से कहा कि इस बार अपने भैया की शादी में झारखंड गया तो वहाँ की सड़क देखकर मैं दंग रह गया कि कितनी बढ़िया सड़क बनाई गयी है। बिना किसी गड्ढे के गाड़ी में सफर करने में मजा आ गया था, पर चाचा ने इसका विरोध करते हुए कहा था कि इससे दुर्घटना भी काफी बढ़ी है। मैंने आश्चर्य जताते हुए इसकी वजह पूछी तो उन्होंने कहा कि "अब लोग काफी तेजी से गाड़ी चलाते हैं। इतनी तेजी से गाड़ी, ट्रक चलाते हैं कि लगता है कि वो हवाई जहाज उड़ा रहे हैं। तुमको तो पता ही होगा कि वहाँ लोग अपनी गाय, बकरी चराते-चराते सड़क तक पहुँच जाते हैं या फिर धान, गेहूँ सुखाने के लिए सड़क पर ही बिछा देते हैं। इससे दुर्घटना भी हो रही है। एक बार तो खेलते-खेलते बिदिया..."

"बिदिया कौन?" मैंने पूछा।

"अरे नहीं जानता, तेरी भतीजी लगेगी! वो सड़क के पास पहुँच गयी और तभी एक कार वाला जोर से ब्रेक लगाया तो वो बच पायी, नहीं तो मर गयी होती। फिर गाँव वालों ने मिलकर उस कार वाले को पीटा। कार वाले ने मेरे पाँव पकड़कर माफी माँगी कि अब कभी गाड़ी इतनी तेजी से नहीं चलाएगा, तभी मैंने उसे छोड़ा... लेकिन बेटा कितने लोगों को मारा-पीटा जाये। हर कोई तेजी से गाड़ी चला रहा है।"

मैंने उस समय भी उनका विरोध करना चाहा था कि चार लेन वाली सड़क इसीलिए तो बनाई जा रही है कि लोगों में और गति आये। बिना किसी रुकावट के लोग गाड़ी चलाएँ। सड़क बकरी, गाय चराने के लिए या धान, गेहूँ सुखाने के लिए थोड़ी न बनाई जाती है, लेकिन पता नहीं मेरी कौन सी भतीजी बिदिया मरते-मरते बच गयी थी। इसलिए चाचा का विरोध नहीं कर सका। अब मैं कैसे मान लूँ। मैंने तो एटीएम का भरपूर इस्तेमाल किया है। इसलिए हार मानने का

सवाल ही नहीं था–

"चाचा नोट कैसे खत्म हो जायेंगे, नोट तो छपते ही रहते हैं। मैं अगर और बताऊँ तो अब नोट निकालने की जरूरत ही कहाँ है? बिना नोट निकाले ही अब सारा काम हो रहा है।"

"वो कैसे?" चाचा ने जिज्ञासा प्रकट करते हुए पूछा।

"चाचा अब समय बदल रहा है।" उनके इस तरह से पूछने पर मेरा मनोबल बढ़ा और लगा कि इस बार चाचा को समझा पाऊँगा–"अब तो ऐसा समय आ गया है कि बिना नोट रखे ही आप सब काम कर लेंगे।"

"वो कैसे बताओ तो सही... क्या राज है?" चाचा जानने की उत्सुकता में चुटकी लेना भी नहीं भूले।

"बताता हूँ चाचा। अब हर जगह पर एक मशीन लगी होती है। दुकान में, होटल में, शो रूम में। जहाँ से आप खरीदारी करते हैं, वहाँ आप अपना एटीएम कार्ड दीजिए। वो उसे मशीन में लगा देता है। इससे कम्प्यूटर में से एक कागज निकलता है। उस कागज पर आप देख लीजिए कि जितने की आपने सामान खरीदी है, उतने का ही बिल है कि नहीं। फिर आप उस पर साइन कर दीजिए। वो अपने आप उतने पैसे आपके बैंक से निकाल लेगा। आपको मोबाइल का बिल भरना हो, बिजली का बिल भरना हो। किसी फाइव स्टार होटल में खाना खाना हो। सबका पैसा इसी कार्ड से दिया जाने लगा है।"

"लेकिन बेटा सब्जी, कपड़े या दूसरी चीज भी क्या मशीन से ही खरीदोगे?" मेरा जवाब सुनकर चाचा को किस तरह की फीलिंग हुई, मुझे मालूम नहीं।

"चाचा यहाँ तो बिग बाजार या दूसरे इस तरह के कई मार्केट हैं कि वहाँ सब्जी, कपड़ा से लेकर दूध और दूसरी चीजें सब कुछ का पैसा इसी तरह से दे सकते हैं। अब लगभग सब जगह इस तरह की मशीन लगने वाली है।"

"ये सब मुम्बई और बड़े शहरों के लिए ही है।" चाचा ने अनमने ढंग से कहा।

मैंने चाचा की बात पर ध्यान दिये बिना अपना बोलना जारी रखा। "चाचा अमेरिका या दूसरे बड़े देशों में तो हार्ड करेंसी की जरूरत ही नहीं पड़ती। वहाँ तो सिर्फ हवा में ही काम होता है। सिर्फ कागजों पर ही सारा काम चल जाता है। किसी तरह से नोट निकालने की जरूरत ही नहीं पड़ती। आपको सैलरी लेनी है तो कम्पनी ने बैंक में ट्रांसफर कर दिया। आप कुछ खरीदने गये तो बस कार्ड दीजिए और पैसा चुका दीजिए। वहाँ तो सारा काम इसी से होता है। छोटे-छोटे शहरों में भी सब काम। करोड़ों-अरबों रुपये का काम सिर्फ कागजों पर हो रहा है। शेयर बजार में सारी खरीदारी भी तो बिना हार्ड करेंसी लिए सिर्फ कागजों पर ही हो रही है।"

अपनी जुबान को थोड़ा विराम देते हुए और चाचा के मन के भाव को पढ़ने की कोशिश में मैं चुप हो गया, फिर बोला—"चाचा जूते खरीदना हो, स्कूल की फीस भरनी हो या टिकट लेना हो। सोचिए अंकल आप घर से निकलें और सिर्फ कार्ड हो, नोट रखने की जरूरत न हो तो कितनी सुविधा हो जायेगी। आप अभी जो कह रहे हैं कि बड़े नोट देना। इस बड़े नोट को भी आप कितनी दिक्कत से ले जाते हैं। पैरों में, कमर में और दूसरे तरीके से जगह-जगह बाँधने के बाद भी आप अपने को असुरक्षित पाते हैं, लेकिन अगर ये सब न करना पड़े तो कितना मजा आयेगा।"

चाचा काफी देर तक चुप रहे। फिर अचानक बोल पड़े—"बेटा हम लोग इस उम्र में किसी तरह से दो-चार हजार रुपया कमा लेते हैं। तू तो अभी से ही बारह हजार रुपये कमा रहा है न! इसीलिए तू इतनी बड़ी-बड़ी बातें कर रहा है। देखो बेटा, एक सलाह दे रहा हूँ कि हमेशा जमीन में रहना सीख। अमेरिका और दूसरी जगह की ख्वाब न देखा कर। कागजों में करोड़ों-अरबों रुपये के वारे-न्यारे हो जाते हैं। आज तक देखा है करोड़ों-अरबों रुपये एक साथ।"

चाचा का इस तरह से जवाब देना मेरे ऊपर वज्रपात था। मैं तो सोच रहा था कि पहली बार मैं वासुदेव चाचा को समझाने में कामयाब रहा। अब तो हालत ये थी कि मानो किसी ने काफी देर तक दुलारने के बाद अचानक गाल में थप्पड़ जड़ दिया हो। मेरे हाव-भाव से चाचा को पता चल गया कि मैं नाराज हूँ। थोड़ी देर में ही उन्होंने मनाने की शक्ल में कहा—"बेटा नाराज क्यों होता है। मानता हूँ कि तेरी बात सच भी होगी, लेकिन अपने देश में इसे पूरा होने में अभी वक्त लगेगा।"

चाचा के जवाब से मैं काफी निराश हुआ था। मुझे बार-बार लगता रहा कि क्या मैं वाकई बेवकूफ हूँ। मुझे लगता रहा कि ये दो पीढ़ियों के बीच की ऐसी खाई है जिसे पाटा नहीं जा सकता। कोई भी पीढ़ी एक-दूसरे की बात मानने की तो दूर, समझने के लिए भी तैयार नहीं है। मैं कुछ उल्टा-सीधा न कह जाऊँ, इसलिए फ्लैट से बाहर निकलने लगा। चाचा ने रोका। पूछा कि 'कहाँ जा रहे हो, आज तो सब कुछ बन्द है। राजनीतिक दल जरूर बाहर हंगामा कर रहे होंगे।' लेकिन 'अभी आया मैं' कहकर बाहर चल दिया।

बाहर कार्यकर्ताओं का शोर-शराबा सुनाई दे रहा था। मुझे लग रहा था कि बाहर कोई दुकान खुली नहीं होगी। वाकई सारी दुकानें बन्द थीं, पर पास वाली झुग्गियों की सोसाइटी के भीतर ही एक छोटी सी दुकान में मुझे सिगरेट मिल जाने की सम्भावना थी। दुकानदार अपनी दुकान में ही रहता था। एक कोने में उसने सोने का इन्तजाम कर रखा था। जब पहुँचा तो वो खाली था। मुझे लगा उसने भी अब तक अपने तराजू नहीं लगाए हैं। मानो वो भी बन्द में शरीक हो। मैंने

सिगरेट माँगी तो उसने झट से दे दिया। फिर मैं सिगरेट की कश लेता हुआ बाहर निकला। बाहर निकलकर मैंने देखा कि झुग्गीवालों की दो इमारतों के बीच में एक बूढ़ी औरत बैठी थी, उसके पास एक टोकरी थी जिसमें कुछ केले रखे हुए थे। करीब पहुँचा तो पता चला कि वो औरत अपनी ही बिल्डिंग की है, जो अकेली रहती है। उसका कोई भी नहीं है। खुद ही केले बेचकर अपना गुजारा करती है। मुझे समझते देर न लगी कि बन्द इसके लिए पेट की बन्दी लेकर आया है। मेरे पास जाते ही उसने 'केला ले लो, केला ले लो' कहा, लेकिन इशारे से मना करने के बाद वो चुप हो गयी। थोड़ा आगे जाने के बाद एक जवान आदमी मिला, जो कई तरह के बिस्कुट लेकर बैठा था। चेहरा देखते ही मुझे पता चल गया कि वो रामबाबू है। रामबाबू भी पास वाली बिल्डिंग में रहता है और साइकिल पर बिस्कुट लेकर बेचने दूर-दूर निकल जाता है। उसके घर में दस-बारह लोग रहते हैं और कमाने वाला वो और उसका एक भाई। उसकी बीवी हमेशा बीमार रहती है।

मैं समय काटने के लिए काफी देर तक वहीं खड़ा रहा। मैंने देखा कि कई घण्टे धूप में बैठे रहने की वजह से दोनों काफी कमजोर दिख रहे थे। शरीर दोनों का काफी थका हुआ था, लेकिन दोनों की निगाहें तेज थीं, जो देख रही थीं कि कहीं हड़ताली आकर उनके सामान को फेंक न दें या लूट न लें। शुरू में ये मुझे हड़ताली समझ रहे थे, हालाँकि काफी देर तक शान्त खड़ा होते देख बेफिक्र हो गये। अब दोनों एक-दूसरे के सामानों को देख रहे थे।

"चाची केले खिलाओ न, भूख लगी है।" रामबाबू ने कहा।

"पच्चीस रुपये दर्जन लगेंगे, नोट दो और केले ले लो।" बूढ़ी ने जवाब दिया।

"चाची नोट कहाँ, फूटी कौड़ी भी नहीं है, बिस्कुट बेचने के बाद दे दूँगा।" रामबाबू ने भरोसे के साथ कहा।

"तो अपने बिस्कुट खाओ।" बूढ़ी ने झटके से मना कर दिया।

"बिस्कुट खाने का मन नहीं करता, देख-देखकर ऊब गया हूँ।"

"तो क्या हुआ, मुझे भी तो केले खाने का मन नहीं करता। बिस्कुट खरीदने के लिए पैसे नहीं हैं, तो क्या मैं तुमसे माँग रही हूँ।" बूढ़ी ने इस तरह जवाब दिया मानो उसे पूरी तरह विश्वास है कि कुछ ही देर में लोग केले खरीद लेंगे और उसके पास पैसे होंगे। फिर वो उस पैसे से बिस्कुट खरीदकर अपनी भूख मिटाएगी।

मुझे अब कुछ देर पहले चाचा के सामने कही हुई बातें याद आ रही थीं कि काश इन दोनों के पास एटीएम कार्ड होता तो बिग बाजार जाकर वो खाने की चीजें खरीद लेते। लेकिन फिर चाचा की बात याद आयी कि अपने देश में होने में ये सब बहुत वक्त लगेगा। इसके बाद तो चाचा से हुई पूरी बातचीत फ्लैशबैक में चलने लगी। शायद काफी वक्त बीत चुका था। मेरी तन्द्रा उस समय

टूटी जब बुढ़िया में हलचल दिखी। बुढ़िया दो बढ़िया केले तोड़कर रामबाबू के पास पहुँची। रामबाबू ने भी कुछ बिस्कुट निकालकर उसके सामने रख दिये। बूढ़ी कुछ बिस्कुट लेकर वापस अपनी टोकरी के पास बैठ गयी। दोनों अपनी-अपनी जगह पर बैठे हुए थे। रामबाबू केले खा रहा था, बूढ़ी बिस्कुट खा रही थी। खाने के दौरान किसी की भी आँखें चौकस नहीं थीं, लेकिन दोनों के शरीर में फुर्ती आ गयी थी।

मेरे मन में कभी एटीएम पर अपनी कही बातें गूँज रही थीं तो कभी चाचा की। फिर अचानक से चाचा डाँटते-डाँटते पुचकारने लगे कि बेटा अभी अपने देश में होने में ये सब वक्त लगेगा।

लघुकथाएँ

बेड नम्बर 6

"मेरा बच्चा कैसा है डॉक्टर साहब?" मैंने चीखते हुए अस्पताल के सीनियर डॉक्टर बख्शी से पूछा।

"वो छोटा बच्चा... उसका नाम..."—डॉक्टर बख्शी मेरी चीख सुनकर पहले तो गुर्राए, फिर मरीज की गम्भीर हालत को देखकर याद करते हुए कुछ सोचने लगे।

"हाँ डॉक्टर साहब, बेड नम्बर 6 वही बेड नम्बर 6 जिसका केस आपने बिगाड़ दिया... वही बेड नम्बर 6 जो वेंटिलेटर पर है... बेड नम्बर 6 जो इस समय जिन्दगी और मौत के बीच झूल रहा है..."

ये कहते हुए मेरी नजर अपने बड़े भाई साहब पर पड़ी... जो मेरे बच्चे के सीरियस होने की खबर सुनकर अभी-अभी कोलकाता से दिल्ली पहुँचे... फिर अचानक वो, बिना बच्चे का हालचाल पूछे, एकटक मुझे देखने लगे... उनकी जुबान से एक ही शब्द निकल रहा था—बेड नम्बर 6...

मैं भी अपने बड़े भाई को कुछ बोल नहीं पाया। मुझे पुरानी बातें याद आ रही थीं... दरअसल घर के सभी बच्चों के नाम मैंने रखे थे... लेकिन जब मैंने अपने बच्चे का नाम ईशू रखा तो किसी को पसन्द नहीं आया। मैं भले ही अपने बच्चे को केवल ईशू कहकर पुकारता रहा, लेकिन कोई उसे अपनी पसन्द के मुताबिक लल्ला पुकारता, तो कोई दीपू, किसी ने ईशू नाम ही स्वीकार कर लिया। कोई सुमन से काम चलाता तो कोई सागर सुमन कहता। घर में चूँकि पहले से दो बच्चों के पुकारू नाम बिट्टू और सिट्टू हैं तो एक बुआ ने नये-नवेले मेरे बच्चे का नाम किट्टू रख दिया। मेरी माँ और दूसरी बुआ को बार-बार ये डर सताता रहा कि चूँकि घर का नया मेहमान बहुत सुन्दर है, इसलिए दूसरे की नजर जल्दी लगती है... तो बुआ ने कलुआ कहना शुरू कर दिया... और माँ ने महकू...लेकिन मेरे बड़े भाई जानते हैं कि मैं अपने बच्चे का नाम ईशू ही रखूँगा और उसे हमेशा इसी नाम से पुकारूँगा।

अब... जब ईशू अस्पताल में जिन्दगी और मौत के बीच झूल रहा है... तो मेरे बच्चे का नाम सिर्फ बेड नम्बर 6 है... सारे डॉक्टर और नर्स उसे बस इसी नाम से पुकारते हैं। बेड नम्बर 6... घरवाले भी उसकी सेहत जानने के लिए अस्पताल से यही पूछते हैं... मेरी जुबान में भी अब सिर्फ एक ही नाम है—बेड नम्बर 6...।

मेडिकल इंश्योरेंस

"बहुत दर्द हो रहा है डॉक्टर साहब, कुछ कीजिए न... ।" नीलिमा हर दो मिनट में डॉक्टर मिनिशा को चीखते हुए बोल रही थी।

"नीलिमा जरा धैर्य रखिए... बच्चा पैदा करना एक बहुत बड़ा काम है। समझ लीजिए की जो काम भगवान करते हैं, वही काम आज आप कर रही हैं। ये इतना आसान नहीं है... इसमें काफी धैर्य और संयम की जरूरत होती है. .. आपका पहला बच्चा है... इसलिए आपको ज्यादा तकलीफ हो रही है... थोड़ा, अपने ऊपर काबू रखिए... अभी तो दर्द की शुरुआत है... अगर थोड़ा और सहेंगी तो आपको नॉर्मल डिलिवरी भी हो सकती है... मैं खुद दो बच्चों की माँ हूँ। वैसे ऑपरेशन करके बच्चा तो कभी भी निकाला जा सकता है।" डॉक्टर मिनिशा नीलिमा को ये सब समझा ही रही थीं कि अचानक सीनियर डॉक्टर रेड्डी वहाँ पहुँचे।

"नहीं, नहीं... ऐसा नहीं है डॉक्टर मिनिशा" बीच में ही टोकते हुए डॉक्टर रेड्डी ने कहा, "डॉक्टर मिनिशा जरा यहाँ आइए।"

"डॉक्टर मिनिशा क्या आपको पता नहीं कि हर पेशेंट के दर्द को सहने की ताकत अलग-अलग होती है... क्या आपको ये भी नहीं पता कि नीलिमा के मेडिकल इंश्योरेंस हैं। अगर नॉर्मल डिलिवरी हुई तो इंश्योरेंस कम्पनी पच्चीस हजार रुपये और अगर ऑपरेशन करके बच्चा पैदा हुआ तो पचास हजार रुपये तक हॉस्पिटल को देगी। पल भर के लिए मान भी लिया जाये कि अगर कोई थोड़ा दर्द सह ले तो नॉर्मल डिलिवरी हो जायेगी... लेकिन अगर ऑपरेशन ही कर दिया गया तो क्या फर्क पड़ जायेगा!!! डॉक्टर मिनिशा आप एक बात समझ लीजिए कि जो पैसे वाले होते हैं जिनके पास मेडिकल इंश्योरेंस होता है... वो ज्यादा दर्द सह नहीं पातीं..."

इतना कहते ही डॉक्टर रेड्डी 'फॉलो मी' कहते हुए आगे निकल पड़े। डॉक्टर मिनिशा भी पीछे-पीछे चलने लगीं। डॉक्टर रेड्डी ने नीलिमा और उसके पति मिस्टर कौशिक को कहा "मिस्टर एंड मिसेज कौशिक... अब हम और

इन्तजार नहीं कर सकते... नॉर्मल डिलिवरी सम्भव नहीं है... ऑपरेशन करना होगा।"

इसके तुरन्त बाद नीलिमा को ऑपरेशन थियेटर ले जाने की तैयारी शुरू हो गयी। स्ट्रेचर पर नीलिमा, साथ में उनके पति नीलिमा के सिर को सहलाते हुए... उसके साथ डॉक्टर रेड्डी और पीछे-पीछे मायूस डॉक्टर मिनिशा... ये सोचते हुए कि मेडिकल इंश्योरेंस की वजह से आज एक और महिला का पेट चीरा जायेगा...

प्ले स्कूल

मेरी बड़ी बहन की 4 साल की बेटी सृष्टि प्ले स्कूल जाने से बहुत डरती थी। ऐसा लगता था मानो प्ले स्कूल के नाम पर उसके मन में खौफ बैठ गया है। रोज सुबह कोई न कोई बहाना। अगर बहाना न चलता तो फिर प्ले स्कूल ले जाने पर जोर-जोर से रोने लगती। सामान्य तौर पर बच्चे प्ले स्कूल जाने के समय रोते हैं। ये हम सब जानते थे। लेकिन सृष्टि का डर अजीब था क्योंकि पढ़ने-लिखने में तो वो तेज थी ही, बाकी बच्चों के साथ मिलकर खेलने में भी वो पूरी तरह से शामिल होती थी... ऐसे में किसी को भी ये समझ में नहीं आ रहा था कि आखिर वो प्ले स्कूल जाने से इतना क्यों घबराती है।

एक दिन प्ले स्कूल में उसकी छुट्टी थी। न उसका मन लग रहा था और न हमारा। फिर मैंने सृष्टि से कहा कि 'चलो हम लोग टीचर और स्टूडेंट्स का खेल खेलते हैं।' सृष्टि इस खेल के लिए तैयार हो गयी। मैं टीचर बनी और वो स्टूडेंट। मैंने एक सवाल पूछा तो वो बता नहीं पायी। फिर मैंने मजाक में कहा कि 'अब मैं तुम्हें दण्ड दूँगी।' पहले तो वो डरी, फिर मान गयी। मैंने मजाक में धीरे-से उसके कान पकड़े, तो वो कहने लगी... 'और जोर से खींचा न मौसी... टीचर ऐसे थोड़ी न पकड़ते हैं।' मैंने कान को थोड़ा जोर लगाकर पकड़ा, तो सृष्टि ने फिर कहा... 'और जोर से खींचो.. टीचर और जोर से खींचते हैं...' मैंने मासूम बच्चे के कोमल कान पर थोड़ा और जोर लगाया... तो उसने फिर कहा 'मौसी और जोर से खींचो न... टीचर जब खींचते हैं तो कान में दर्द होने लगता है... आप तो टीचर जैसा नहीं हो...'

सृष्टि की बात से झुँझलाकर एकबारगी मैंने उसके कान जोर से भी खींचे ... लेकिन जब उसने कहा कि आप टीचर जैसे नहीं हो... तब अहसास हुआ कि आखिर ये मासूम प्ले स्कूल जाने से क्यों डरती है।

बहाना

"सर प्लीज एक बार मौका दे दीजिए... फिर दोबारा ऐसी गलती नहीं होगी। मैं वाकई बीमार था, इसलिए कॉलेज की कक्षाओं में उपस्थित नहीं हो पाया... अगली बार से आपको शिकायत का मौका नहीं दूँगा।" रमेश बार-बार गिड़गिड़ा रहा था। प्रोफेसर मोदी के पाँव पकड़ रहा था, लेकिन प्रोफेसर मोदी का दिल पसीज ही नहीं रहा था।

दअरसल मारवाड़ी कॉलेज के प्रोफेसर मोदी कॉलेज में कम उपस्थिति के मुद्दे पर छात्र-छात्राओं के बहाने सुन-सुनकर थक चुके थे। कोई अपनी बीमारी तो कोई माँ-बाप की बीमारी के बहाने बना रहा था। छात्राएँ तो शादी के बाद ससुराल जाने या फिर गर्भवती होने की बात भी बता रही थीं, जबकि एकाध छात्रों ने अपने रिश्तेदारों की मौत तक का बहाना बना डाला था। प्रोफेसर मोदी ऐसे मामलों में बहुत ही उदारता से परीक्षा का फॉर्म भरने के लिए क्लियरेंस दे देते थे, लेकिन जब उन्हें पता चला कि इसमें से ज्यादातर लोग झूठ बोल रहे हैं तो उनका छात्रों पर से मानो भरोसा ही उठ गया था।

प्रोफेसर मोदी इस साल किसी भी तरह की रियायत बरतने के मूड में नहीं थे। आखिर कॉलेज की प्रतिष्ठा का जो सवाल था। सूबे के नामी कॉलेज में शुमार किये जाने वाले मारवाड़ी कॉलेज की प्रतिष्ठा दाँव पर थी। हर साल रिजल्ट खराब होते जा रहे थे और इसकी सबसे बड़ी वजह छात्र-छात्राओं की कॉलेज में अनुपस्थिति थी। दरअसल ये लोग कॉलेज तो आते थे, लेकिन क्लास करने की बजाय कैंटीन या पार्क में मस्ती करने में लगे रहते थे। ऐसे में मारवाड़ी कॉलेज प्रशासन ने तय किया था कि जिन छात्र-छात्राओं की क्लास में हाजिरी 75 फीसदी से कम होगी, उन्हें परीक्षा में नहीं बैठने दिया जायेगा। हालाँकि कुछ विशेष परिस्थिति में विद्यार्थियों को छूट दी जा रही थी और इसे देखने की जिम्मेदारी प्रो. मोदी के कन्धे पर सौंप दी गयी थी। मोदी सर ने कुछ ऐसे लोगों को भी परीक्षा देने के लिए क्लियरेंस दे दिया जिन्होंने कम्पीटिशन की तैयारी करने और खेलकूद की गतिविधियों में शामिल होने की बात सच-सच बता दी थी, लेकिन बीमारी की बात सुनते ही वो भड़क जाते थे। इधर रमेश बार-बार गम्भीर बीमारी की बात बताकर गिड़गिड़ाता जा रहा था।

प्रोफेसर साहब सुबह से इसी काम को करते-करते थक चुके थे, जबकि कई

लोग अब भी लाइन में लगकर अपनी बारी का बाहर इन्तजार कर रहे थे। इसलिए उन्हें और गुस्सा आ रहा था।

"देखो रमेश, तुम्हें आखिरी बार कह रहा हूँ कि मेरे पैर छोड़ो और बाहर निकलो, नहीं तो गार्ड को बुलाकर तुम्हें बाहर करवा दूँगा... साथ ही कॉलेज से सस्पेंड भी कर दूँगा।" –प्रोफेसर मोदी ने गरजते हुए रमेश को कहा।

इस बार रमेश ने कोई जिद नहीं की, बल्कि सस्पेंड होने की बात सुनकर "ठीक है" कहता हुआ मोदी सर के कमरे से बाहर निकल गया। मोदी सर खुश थे कि उनके इस कदम से छात्रों पर असर पड़ेगा। इसके बाद वो और सख्ती से छात्र-छात्राओं के साथ पेश आने लगे और जरा सा भी ढील देने के मूड में नहीं थे। कॉलेज में पढ़ने वाले लोगों के सारे बहाने अब बेअसर साबित हो रहे थे। इसी दौरान मोदी सर फर्स्ट इयर के किसी छात्रा को डाँट रहे थे कि अचानक एक अधेड़ उम्र का शख्स गेट के पास खड़े गार्ड को धक्का देते हुए प्रोफेसर मोदी के पास पहुँचा।

"प्रोफेसर मोदी मैं रमेश का पिता हूँ... " –अधेड़ उम्र के इन्सान ने ये कहते हुए एक मेडिकल रिपोर्ट प्रोफेसर मोदी के हाथ में थमा दी। रमेश नाम सुनते ही प्रोफेसर मोदी को याद आ गया क्योंकि सबसे ज्यादा उसी ने परेशान किया था और पैर छोड़ ही नहीं रहा था।

"ये किसकी रिपोर्ट है," मोदी रिपोर्ट को देखते ही चीख पड़े, "इसमें तो लिखा है कि मरीज को कैंसर है।"

"यस सर, ये रमेश की मेडिकल रिपोर्ट है। वो अब बस चन्द दिनों का मेहमान है। ये परीक्षा उसकी जिन्दगी की आखिरी परीक्षा होगी।" रमेश के पिता ने जवाब दिया।

फिर क्या था मोदी सर की आँखों के सामने अँधेरा छा गया। इतनी कम उम्र में कैंसर। वो भी आखिरी स्टेज में।

"... तो फिर रमेश इस परीक्षा के लिए इतनी गुजारिश क्यों कर रहा था।" मोदी सर ने पूछा।

"सर, दरअसल रमेश चाहता है कि वो अपनी जिन्दगी आम इन्सानों की तरह जिए... न कि घुट-घुटकर।" रमेश के पिता ने मायूसी से जवाब दिया।

इसके बाद प्रोफेसर मोदी ने कुछ नहीं कहा, बल्कि उन्होंने झटपट क्लियरेंस देकर रमेश के पिता को विदा कर दिया। उन्होंने बचे हुए बाकी सभी छात्र-छात्राओं को भी क्लियरेंस दे दिया। ये जानते हुए भी कि कुछ लोग बहाने बना रहे हैं। उन्हें बार-बार याद आ रहा था रमेश का चेहरा... कि किस तरह से वो परीक्षा में बैठने देने के लिए गुजारिश कर रहा था, जबकि उसे पता है कि इस परीक्षा को देकर अब उसे कुछ भी हासिल होने वाला नहीं है। मोदी सर के जहन में छात्र-छात्राओं के तमाम बहाने गूँजते रहे और आखिर में उनकी जुबान से यही निकला कि काश ये भी बहाना होता।

दो बच्चे

हंगामा मचा हुआ था। दोनों में कोई भी पक्ष झुकने को तैयार नहीं था। हिजड़ों का सरदार, जो बेहद खूबसूरत था, अब थोड़ी दूर था। पर इस बार मोर्चा थोड़े खराब से दिखने वाले हिजड़े ने सँभाल लिया था। हालाँकि साले साहब की शादी में सिर्फ एक ही दिन बीता था। इसलिए घर भी पूरी तरह अस्त-व्यस्त था। ऐसे में हर कोई यही चाह रहा था कि हिजड़ों से जल्द-से-जल्द पीछा छूटे। लेकिन हिजड़े छह हजार एक रुपये लिये बिना पीछा छोड़ने को तैयार ही नहीं थे। घर के आँगन में तर्क-कुतर्क के तीर यथावत् चल रहे थे। घर के मुखिया और दूल्हे के पिता का तर्क बार-बार इसी तरफ जा रहा था कि "शादी में तो सारे पैसे खर्च हो गये, अब कहाँ से इतने रुपये लायें। इसलिए पाँच सौ एक रुपये ले लो और चले जाओ।" जबकि इस पर एक हिजड़े का जवाब था कि "लड़के की शादी में काफी दहेज लिया होगा, इसलिए थोड़ा हक तो उनका भी बनता है।" हिजड़े ये मानने को बिल्कुल भी तैयार नहीं थे कि बिना दहेज के भी कोई शादी कर सकता है। दूसरा तर्क दूल्हे की माँ की तरफ से था कि "लड़के की शादी में हिजड़े न तो आते हैं और न ही हम उन्हें पैसा देते हैं। हम लोग तो बस बच्चे के जन्म के वक्त ही पैसा देते हैं।"

"जब तीन लड़कियों की शादी आपने की, तब तो हम नहीं आये। यानी कि जब वाकई परिस्थिति ठीक नहीं थी, तब तो हम भी समझते थे। लेकिन अब तो हमको पैसे देने ही पड़ेंगे।" दूर खड़े एक हिजड़े ने जवाब दिया।

तर्क अपने शबाब पर था। इधर दूल्हे-दुल्हन के साथ घर के तमाम बेटी दामाद एक कमरे में बन्द थे ताकि हिजड़े उन्हें देखकर बदमाशी न करने लगें।

"हम लोगों को तो भगवान ने भी नहीं बख्शा। ऊपर से आप लोग भी भगा रहे हैं। आखिर कैसे हम अपना पेट भरें?" इस बीच हिजड़ों के सरदार ने ऐसा तर्क दिया कि दोनों पक्ष चुप हो गये। सबके लिए ये संवेदनशील मुद्दा हो गया। अब रणक्षेत्र में तीर-तोप चलने बन्द हो गये। ऐसा लगा मानो दोनों पक्षों में सहमति बन गयी हो। मामला एक हजार एक रुपये में निपट गया।

अब दोनों पक्ष एक दूसरे को मलहम लगा रहे थे। घर के लोग जहाँ हिजड़ों

के संवेदनशील पक्ष को उभार रहे थे, वहीं हिजड़ों का भी साफ कहना था "दशरथ जी ये गलती आपकी नहीं है। गलती सरकार की है। हम लोग शादी-ब्याह में नहीं आते थे। लेकिन सरकार ने तो दो बच्चों के बाद रोक लगा दी है यानी हमारी कमाई भी गयी। दो बच्चों के बाद तो हम आ भी नहीं सकते। हमारी जिन्दगी खत्म करने के लिए ही सरकार ने दो बच्चों वाला नियम बनाया है। इसलिए हम लोग शादी-ब्याह में भी आ जाते हैं।"

हिजड़ों के इस तर्क से हम लोग भी हतप्रभ थे।

दो बड़ा या दो लाख

न्यूजरूम की मीटिंग में काफी गहमा-गहमी थी। चैनल के सम्पादक अपने ही पत्रकारों पर भड़क रहे थे। दरअसल न्यूजरूम में काम कर रहे पत्रकारों ने एक कार का प्रायोजित कार्यक्रम छोड़कर एक्सीडेंट की खबर दिखाना शुरू कर दिया था। बिहार के किसी दूर-दराज के इलाके में ट्रेन एक्सीडेंट में दो सौ से ज्यादा लोग मारे गये थे। बस न्यूजरूम के पत्रकार कार का कार्यक्रम बीच में ही खत्म कर एक्सीडेंट की खबर पर चले गये इसी बात पर अपने पत्रकारों को डाँटते-डाँटते सम्पादक के मुँह से थूक भी निकलने लगे थे। गालियाँ सुनकर बाकी पत्रकार बिलबिला गये थे, लेकिन मन में यही सवाल कि आखिर गलती क्या है। फिर अचानक सम्पादक ने अपने तमतमाते चेहरे पर काबू किया और समझाने के अन्दाज में बोले "दो बड़ा या दो लाख?" चैनल के सम्पादक महोदय ने तमाम पत्रकारों से पूछा।

"दो लाख के सामने दो का क्या मुकाबला।" पहले तो पत्रकारों ने चुप्पी साधी और फिर सभी ने एक सुर में कहा।

"नहीं, नहीं... गलत।" सम्पादक ने ऐसे टोकते हुए कहा, मानो कोई नया आविष्कार करने जा रहे हों।

इस बार किसी भी पत्रकार ने कुछ नहीं कहा, बल्कि अचम्भित होते हुए सम्पादक को देखने लगे।

"जरा सोचिए, एक चैनल को दो लाख लोग देखते हैं और हर कोई अपनी जेब से पाँच रुपये खर्च कर सकता है, जबकि दूसरे चैनल को दो लोग देखते हैं और हर आदमी दस लाख रुपये खर्च कर सकता है तो दोनों में किसका वजन ज्यादा है? दो आदमी बड़ा हुआ या दो लाख!"

इसके बाद सम्पादक कुछ नहीं बोले और बाहर चले गये। बाकी पत्रकार भी सन्तुष्ट थे और उन्हें अपनी गलती का अहसास हो गया।

आखिरी चेहरा

मिस्टर कुमार टेलीविजन के बड़े पत्रकार हैं। इनका मार्केट इन दिनों अप है... टेलीविजन की भाषा में बोलूँ तो इनकी टीआरपी काफी ऊपर चल रही है। लेकिन मिस्टर कुमार को इसके लिए कड़ी मेहनत करनी पड़ती है। इन्हें अपना चेहरा कई बार बदलना पड़ता है। लेकिन इससे इन्हें कोई गुरेज नहीं। कहानी सुननी हो तो इनके चेहरे देखने जरूरी हैं।

पहला चेहरा—बॉस के सामने घिघियाहट वाला चेहरा... ऐसा चेहरा जिससे लगे कि टेलीविजन न्यूजरूम में सबसे ज्यादा दलित, शोषित और काम के बोझ से लदे पत्रकार वही हों... सारा काम इन्हें ही करना पड़ता हो। अगर ये न रहें तो चैनल एक भी दिन चल न पाये। मिस्टर कुमार कोशिश करते हैं कि ये चेहरा न्यूजरूम में कोई न देख ले, केवल बॉस ही देखें।

दूसरा चेहरा—ऐसा चेहरा, जिसे देखते ही न्यूजरूम के सारे पत्रकार थर्राने लगें। मिस्टर कुमार का अन्दाज इसमें काबिले-तारीफ है। पत्रकारों में खौफ भरने के लिए वो न्यूजरूम के लीडर पर ही निशाना साधते... अगर लीडर ही ढेर हो जाये... तो बाकी टुटपुँजिये पत्रकार वैसे ही उनके पैरों पर लुढ़कने को तैयार रहते। जूनियर पत्रकारों पर निशाना साधने के लिए उन्हें विशेष मेहनत करने की जरूरत भी नहीं पड़ती। कभी शब्द पर ही टोककर फटकार लगा देते... मसलन फैसला लिख दिया तो कहते निर्णय क्यों नहीं लिखा। निर्णय लिखा होता तो कहते फैसला क्यों नहीं लिखा। कभी खबर पर टोक देते कि इस खबर को पहले क्यों लिया... बाद में क्यों नहीं... या फिर अगर कुछ नहीं मिलता तो ये जरूर कहते कि... 'आप सिर्फ दिहाड़ी मजदूरी कर रहे हैं, कुछ नया नहीं कर रहे... बस वही पुराने ढर्रे पर चल रहे हैं।' मिस्टर कुमार को ये चेहरा विशेष पसन्द है। जहाँ भी मौका मिलता है, वो इसे आजमाने से नहीं चूकते।

तीसरा चेहरा—ये चेहरा भी प्रिय है... ये महिला पत्रकारों के सामने दिखने वाला चेहरा है। इसमें हर वक्त वो कमर मटकाते हुए या छेड़छाड़ करते हुए दिख जाते। जूनियर लड़कियाँ उन्हें स्मार्ट, क्यूट और भी न जाने रीति काल के अलग-अलग उपमाओं से पुकारतीं। ये चेहरा आप कभी भी देख सकते हैं... न्यूजरूम

में, बाहर चाय के ढाबे में... बॉस न हो तो केबिन में...

चौथा चेहरा–कभी टीवी में सूरत दिखाने की नौबत आ जाये, तो मिस्टर कुमार बड़े ही धीर गम्भीर लगते... ऐसा लगता मानो सारे जहाँ की मुसीबत इन्होंने अपने गले में बाँध ली हो... टुच्ची घटनाओं में भी देशभक्ति पैदा करना हो... तो कोई इनसे सीखे...

पाँचवाँ चेहरा–वैसे तो मिस्टर कुमार काम करते हुए कम दिखेंगे, लेकिन अगर बॉस आस-पास फटक रहे हों तो कुमार किसी न किसी पत्रकार को समझाते हुए जरूर दिख जायेंगे। ऐसा चेहरा मानो कोई बाप अपने मासूम बच्चे को कुछ समझा रहा हो। भई बॉस इस चेहरे को देखकर मिस्टर कुमार से बहुत इम्प्रेश हैं...

मिस्टर कुमार इन सभी चेहरों को कभी भी पल भर में बदल सकते हैं। इन सभी चेहरों का लबादा ओढ़ना उन्हें बेहद पसन्द है... लेकिन कुमार इन दिनों बहुत परेशान हैं क्योंकि उन्होंने अपना एक आखिरी चेहरा भी देखा है। देखा क्या है... बल्कि कहिए किसी ने दिखाया है... इसके बाद अब उन्हें अपने हर चेहरे से नफरत होने लगी है... जानना चाहेंगे क्यों...

एक लम्बी कहानी है... जो मिस्टर कुमार के साथ बीत रही है... लेकिन हम चन्द शब्दों में आपको बताएँगे... दरअसल कुमार अपना चेहरा कितना बदलें... आखिर वो भी तो इन्सान हैं... उस पर भी घर में चेहरा बदलते रहना आसान भी नहीं... भले ही उन्हें गुर्राने वाला दूसरा चेहरा पसन्द हो...

एक बार घर में उनका मन नहीं लग रहा था... ऐसे में कुमार ने अपनी मासूम बिटिया को बुलाया कि उससे जरा खेलें... बतियाएँ... मन बहलाएँ... लेकिन बिटिया आने को तैयार ही नहीं... मिस्टर कुमार के बार-बार चीखने पर न्यूजरूम के किसी पत्रकार की तरह उनकी बीवी मासूम बिटिया को खींचतान करके बाप के पास ले आयी। लेकिन बिटिया खेल ही नहीं रही। कुमार को गुस्सा आया, पूछ बैठे।

"क्या बात है बिटिया, मुझसे नहीं खेलना चाहती?"

बेटी ने बड़ी ही मासूमता से डरते-डरते जवाब दिया–"पापा कैसे खेलें? आपके चेहरे को देखते ही डर लगता है।"

मिस्टर कुमार अवाक्... उन्हें पता ही नहीं चला कि वो दफ्तर को घर भी लेकर जाने लगे... उन्होंने ये चेहरा अब तक नहीं देखा था...

गरीब तो बच जायेंगे...

मन्दी की महामारी ने हर तरफ अपना जाल फैला लिया है। किसी कम्पनी को कैंसर हो चुका है, तो किसी को एड्स। कर्मचारियों की छँटनी का खतरा हर तरफ मुँह बाये खड़ा है। जेट एयरवेज ने 800 कर्मचारियों को रुखसत क्या किया, लगा पूरे देश में भूचाल आ गया हो। न्यूज चैनल में भले ही ये खबर आम खबरों की तरह आकर चली गयी हो, लेकिन नोएडा की फिल्म सिटी में टेलीविजन के बुद्धिजीवी पत्रकारों में बहस छिड़ी हुई थी। महँगी गाड़ियों की कतारों के बीच एक विदेशी गाड़ी के इर्द-गिर्द दर्जन भर पत्रकार जमा थे। कार की बोनट पर विदेशी शराब की कई बोतलें, चिकन, चिप्स रखे हुए थे। जाम छलक रहा था और टेलीविजन पत्रकारों के चेहरे से गम्भीरता के रस टपक रहे थे। मुद्दा बड़ा था—'इतनी खूँखार मन्दी के बाद अब क्या होगा इस देश का?'

विदर्भ में हजारों किसानों की आत्महत्या, बिहार-झारखंड में नक्सलियों के मुद्दे पर नाक-मुँह बिचकाने वाले इन पत्रकारों को अचानक देश में आयी इस मन्दी का खतरा नजर आने लगा था। बहस पूरे शबाब पर थी।

"इस देश को अब कोई नहीं बचा सकता। कहीं इस मन्दी से उबरने की सूरत नहीं।" अपने आप को बुजुर्ग की तरह दिखाने वाले एक कम उम्र के पत्रकार ने कहा।

"ऐसा बिल्कुल नहीं है, इस मन्दी का असर ज्यादा लोगों पर नहीं पड़ा है। देश के सत्तर-अस्सी फीसदी लोग तो इसके बारे में जानेंगे भी नहीं।" एक चैनल के नये नवेले एंकर ने जवाब दिया, जिन्होंने दलबदलू की तरह तीन साल में चार चैनल बदल लिया है।

"तो क्या हुआ, ऐसे लोग थोड़ी न देश में राज करते हैं। ये तो भीड़ है। असल तो कॉरपोरेट जगत से जुड़े लोग हैं। जैसे आईटी, बैंकिंग, रियल इस्टेट... मीडिया से जुड़े लोग... जो उधार की जिन्दगी जी रहे हैं।" एक बुजुर्ग पत्रकार ने टोका (इस जनाब को मीडिया के लोग तो बुजुर्ग मानते ही हैं, लेकिन ये खुद को उससे भी ज्यादा वरिष्ठ मानते हैं।)

"सही बात है, अब हमारे ही घरवालों को ले लो। उन्होंने अपनी जिन्दगी

के लिए कोई कर्ज तो लिया नहीं। पहले कमाया, पैसा जमा किया और फिर सामान खरीदा।" कार के पीछे से किसी पत्रकार की आवाज आयी।

"और हमारी जिन्दगी में तो कार, घर हर कुछ उधार पर है।"

"वैसे यार इस मन्दी से कुछ नहीं होने वाला, वैसे ही इस देश में इतनी गरीबी है कि मन्दी वहाँ तक पहुँच भी नही पायेगी।"

"यार मन्दी से गरीबों का क्या मतलब, इस मन्दी में गरीब तो जी जायेंगे, लेकिन अमीरों को कौन बचाएगा।" व्हिस्की की तीसरी पैग लेते हुए एक पत्रकार ने कहा।

"हाँ यार, हाँ यार।"

"सही कहा।"

"क्या बात है, गरीब तो बच जायेंगे, लेकिन हम लोगों को कौन बचाएगा।"

नशे की दुनिया में गोते लगा चुके सारे पत्रकार अब तक अपनी-अपनी बात रखने में लगे थे। सब कोई बोल रहा था। सुन कोई किसी की नहीं रहा था, लेकिन अचानक आखिरी लाइन पर सब अटक गये और सब एकमत हो गये। बहस खत्म हो चुकी थी और सब एक दूसरे को चीयर्स कर रहे थे।

मायूसी

न्यूजरूम में मायूसी छायी हुई थी। वो भी सिर्फ एक हमारे चैनल के लिए ही क्यों, बल्कि इंडस्ट्री के तमाम बाकी नये न्यूज चैनलों के लिए बुरा दौर जो चल रहा था। कोई बड़ी खबर ही नहीं आ रही थी। चूँकि टेलीविजन इंडस्ट्री के लिए न्यूज चैनल बिल्कुल नये-नये थे। इसलिए झगड़ा टीआरपी का नहीं था, बल्कि अपने अस्तित्व को बनाये रखने का था। लोग न्यूज चैनल देखें, इसके लिए जरूरी था कि बड़ी घटनाएँ होती रहें। टेलीविजन के नये-नवेले पत्रकारों में भी काम करने का जज्बा पूरे उफान पर था, पर हर रोज कहाँ से कोई बड़ी घटना हो, जिसे बढ़ा-चढ़ाकर पेश किया जाये। कोई खबर आये भी तो वो दो-तीन मिनट से ज्यादा देर टिकती भी नहीं। ऐसे में पिछले कई दिनों से न्यूजरूम में मनहूसी छायी हुई थी।

हफ्ते भर बाद एक दिन अचानक न्यूजरूम में हलचल शुरू हो गयी। एसाइनमेंट* से खबर आयी कि अमृतसर में आतंकवादियों ने एक प्लेन हाईजैक कर लिया है। फिर क्या था। नये-नये टेलीविजन न्यूज चैनल के सारे लखटकिया पत्रकार इस खबर पर टूट पड़े। उन्हें ये पता था कि इस खबर में काफी दम है। देश के एलिट क्लास के लिए ये एक बहुत बड़ी खबर है। दरअसल इससे पहले आईसी 814 विमान के अपहरण के दौरान टेलीविजन न्यूज चैनलों की लोकप्रियता में भारी इजाफा हुआ था। तमाम न्यूज चैनलों की टीआरपी भी एंटरटेनमेंट चैनलों के मुकाबले काफी बढ़ी थी। ऐसे में सारे पत्रकार युद्धस्तर पर इस खबर पर पिल पड़े।

कोई ब्रेकिंग न्यूज लिखने में लगा था। तो कोई एंकर को घटना की जानकारी देने में। कोई प्लेन हाईजैक की भयावहता को अपनी स्क्रिप्ट की धार में पिरो रहा था, तो कोई इस घटना के बारे में तफ्सील से पता करने में। जूनियर पत्रकारों में कोई अमृतसर का फुटेज निकाल रहा था तो कोई आईसी 814 विमान का फुटेज। एक शख्स तो बाकायदा आईसी 814 विमान अपहरण काण्ड के जरिये ये लिखने

---

*टेलीविजन न्यूज चैनल का वो हिस्सा, जहाँ से नयी खबरें आती हैं। इस डेस्क के लोगों का काम है नई खबरें जुटाना और जानकारियाँ इकट्ठा करना।

में जुटा था कि विमान अपरहण की ये घटना कितनी बड़ी है या फिर हो सकती है।

इस खबर को दिखाते हुए करीब दो-तीन मिनट ही हुए होंगे कि अचानक एसाइनमेंट के सीनियर एडिटर नवचो चीखते हुए आये और आउटपुट* से कहने लगे कि ये खबर ड्रॉप कर दो। ये सुनते ही आउट पुट के तमाम लोगों के मुँह से एक चीख निकली "क्या हुआ, क्यों ड्रॉप कर दें।" फिर अचानक नवची ने आउट पुट के सीनियर एडिटर पिकलू की तरफ देखते हुए कहा "कोई अपहरण नहीं हुआ है, बल्कि खुद सेना के जवान मॉक एक्सरसाइज कर रहे हैं। दरअसल वे देखना चाहते थे कि अगर इस बार अपहरण हुआ तो वो कैसे हैंडल करेंगे।" इसे सुनते ही पिकलू ने आउट पुट के लोगों को सारे काम रोकने के आदेश दिये... और कहा "इसे क्या दिखायें साला ये भी टुच्ची खबर निकली। अब इसमें भी कोई दम नहीं।" एक बार फिर न्यूजरूम में मायूसी छा गयी।

*टेलीविजन न्यूज चैनल का वो हिस्सा जहाँ खबरों को टी.वी. के हिसाब से तैयार कर दिखाया जाता हैं।

सिर्फ 40 मरे

भारत-बांग्लादेश सीमा पर मुठभेड़ जारी थी। हर दिन तीस-चालीस लोगों के मारे जाने की खबर आ रही थी। मीडिया ने भी इस खबर को खूब तवज्जो दिया। एक बार भारतीय लोगों को जानवरों की तरह लकड़ी से बाँधकर ले जाये जाने की तस्वीर जब कुछ स्थानीय अखबारों में छपी, तो न्यूज चैनलों के लिए मानो भरा-पूरा मसाला ही मिल गया। इस खबर को कई दिनों तक दिखाते रहे... और लोगों के भीतर राष्ट्र भावना जगाने की कोशिश करते रहे। धीरे-धीरे इस खबर को इतना दिखा दिया गया कि कहने को कुछ बचा ही नहीं। यहाँ तक कि इसकी तुलना भारत-पाकिस्तान और भारत-चीन युद्ध से भी कर चुके थे। बांग्लादेश को 1971 की जंग के दौरान मदद करने की दुहाई का एकालाप भी कर चुके थे। हालाँकि इस समस्या का तो कुछ हल नहीं हुआ, लेकिन जहाँ अखबारों के किसी कोने में अब भी छोटी-मोटी खबरें छप रही थीं, वहीं टेलीविजन न्यूज चैनलों पर यकायक ये खबरें चलनी बन्द हो गयीं।

कुछ दिनों बाद ठीक उसी समय एसाइनमेंट पर प्रिंट के एक बड़े पत्रकार कमल ने ज्वाइन किया था। कमल पहली बार किसी टेलीविजन न्यूज चैनल की मीटिंग में शामिल थे। उन्होंने मीटिंग के दौरान उत्साहित होकर बताया कि 'बहुत बड़ी खबर है। भारत-बांग्लादेश सीमा पर फिर मुठभेड़ हुई है। इस बार भी 40 लोग मारे गये... ' इतना सुनते ही आउटपुट के सीनियर प्रोड्यूसर रमाकान्त ने जवाब दिया, 'सिर्फ 40 मरे... और ये बड़ी खबर है... ये तो हम पहले भी चला चुके हैं... इसमें नया क्या है। जब सौ या डेढ़ सौ लोग मर जायें तब बताइएगा।'

बड़ी खबर

"आज की पहली बड़ी खबर क्या है उड़ीसा में जहरीला खाना खाने से पचास लोगों की मौत, दिल्ली में नये फ्लाइओवर का उद्घाटन, अफगानिस्तान में भारतीय सैनिकों का शानदार काम या फिर बी ग्रेड के एक हीरो की मौत।" —एक न्यूज चैनल के सम्पादक के घर शाम को हो रही पार्टी में शरीक एक लेखक ने सबके सामने ही सवाल दाग दिया और सम्पादक महोदय को घूर-घूरकर देखने लगे।

"जाहिर सी बात है उड़ीसा में पचास लोगों की मौत, लेकिन बाकी खबरें भी अपनी जगह महत्त्वपूर्ण हैं।" सार्वजनिक रूप से सवाल दागे जाने पर थोड़ी देर चुप रहने के बाद आखिरकार सम्पादक महोदय बोल पड़े।

"तो फिर आपके चैनल समेत देश भर के तमाम चैनल क्यों सिर्फ बी ग्रेड के हीरो की मौत की कहानी दिखा रहे हैं जबकि बाकी खबरें पूरी तरह से नदारद?"

"देखिए खबरों की प्राथमिकता होती है हर चैनल की, उड़ीसा की खबर महत्त्वपूर्ण तो है, लेकिन हीरो से देश के लाखों लोगों की भावना जुड़ी हुई है।"

सम्पादक महोदय ने पूरे भरोसे के साथ ये बोल तो दिया, लेकिन मन-ही-मन उनका आत्मविश्वास डोल रहा था। आखिर कुछ ही घण्टे पहले तो उड़ीसा की खबर दिखाने के लिए लड़ रहे थे। अब वो क्या बताएँ कि टेलीविजन में मार्केटिंग वालों के साथ सम्पादकीय विभाग की वर्चस्व की लड़ाई चल रही है। मनोरंजन चैनलों की तरह ही न्यूज चैनलों की स्क्रीन पर अच्छी-खासी जगह में मार्केटिंग वालों का कब्जा हो गया था। हर चीज में प्रायोजक ढूँढे जा रहे थे। एंकर की शर्ट, पैंट और टाई तक में किसी-न-किसी का कम्पनी का टैग लगा होता था। एक निकर बनाने वाली कम्पनी ने तो अपने प्रचार के लिए फिल्मी कार्यक्रम में फीमेल एंकर से निकर पहनाने तक का करार कर लिया था। अंडरगारमेंट के प्रचार की भी बात चल रही थी। बस उपाय नहीं सूझ रहा था कि आखिर न्यूज के कार्यक्रम में जाँघिया, गंजी, पैंटी और ब्रा कैसे दिखायें और क्या कहकर दिखाएँ? हालाँकि फीमेल एंकरों के लिए गंजी और निकर का छोटा रूप बताकर ब्रा और पैंटी के ही बड़े रूप की डिजाइनिंग होने लगी थी।

मार्केटिंग वाले भी अपने काम में जबर्दस्त थे। सम्पादकीय विभाग भले ही

खबरों को सनसनीखेज तरीके से दिखाने में कमजोर पड़ जाये, लेकिन मार्केटिंग वाले कई नये-नये आइडिया ढूँढ लाये थे, समाचार के बीच में ही प्रचार दिखाने के। कभी मौसम के नाम पर तो कभी बीच-बीच में हेडलाइन दिखाने के नाम पर, और तो और न्यूज के दौरान ही बीच-बीच में स्क्रीन को छोटा कर चारों तरफ से पट्टी लगाकर भी प्रचार आ जाता। बीच-बीच में क्रिकेट के स्कोर जैसा एक बुलबुला भी स्क्रीन पर आता, जिसमें किसी कम्पनी का प्रचार होता। इतना ही नहीं कोई घटना हुई नहीं कि उसके प्रायोजक भी ढूँढ लाते। कोई मैच हो, कोई टूर्नामेंट, किसी फिल्म का प्रमोशन या फिर कोई अवॉर्ड समारोह।

आज भी सम्पादक महोदय की मार्केटिंग हेड से जमकर तू-तू, मैं-मैं हुई। सम्पादक बार-बार कहते रहे कि उड़ीसा में जहरीला खाना खाने से पचास लोगों की मौत बड़ी खबर है। इसे ही दिन भर बड़ा करके दिखाना है। लेकिन मार्केटिंग वालों का साफ कहना था कि आज दिन भर हीरो की मौत बड़ी खबर बनाकर चलाई जाये क्योंकि कई कम्पनियों को कमिटमेंट दे रखा है। मामला चैनल के मालिक तक पहुँचा।

"सर, आज की बड़ी खबर उड़ीसा ही है, जहरीला खाना खाने से पचास लोगों की मौत हो चुकी है। हमें सरकार को कटघरे में खड़ा करना चाहिए।"

"हाँ, तो इसमें दिक्कत क्या है?" चैनल के मालिक ने सम्पादक से पूछा।

"सर, हमें बड़ी खबर हीरो की मौत बनानी चाहिए, क्योंकि हमने आज के लिए एक करोड़ रुपये के प्रायोजक ढूँढ लिए हैं। इनकी शर्त ये है कि दिन भर अगर हीरो से जुड़ी खबर चलाई जायेगी तो फिर बीच-बीच में हीरो से जुड़े प्रचार दिखाए जायें। कम्पनी आज के लिए इतना पैसा इसलिए लगा रही है कि अब अन्तिम संस्कार के बाद हीरो की मार्केट वेल्यू खत्म हो जायेगी।"

ये सुनते ही चैनल के मालिक ने बस सिर ही हिलाया होगा कि तीनों समझ गये कि कौन सी खबर चलनी चाहिए। इसके बाद तीनों के बीच कोई बातचीत नहीं हुई। सम्पादक महोदय डरे-सहमे हुए थे कि अगर बाकी चैनलों ने उड़ीसा की खबरों को प्रमुखता से उठाया तो देश भर में उनकी भद पिट जायेगी। लेकिन जैसे ही समय गुजरता रहा, वो बाकी चैनलों को देखकर खुश हुए कि आज देश के तमाम चैनलों में सिर्फ हीरो की मौत की खबर चल रही है और यही देश की पहली और आखिरी बड़ी खबर है।

तीन गलती

देश के एक बड़े अंग्रेजी अखबार नें शालिनी की आत्महत्या की खबर बड़े-बड़े अक्षरों में छपी थी। इन्दौर में रहने वाली सोलह साल की शालिनी की आत्महत्या उतनी बड़ी खबर नहीं थी, जितनी बड़ी उसके आत्महत्या की वजह। टेलीविजन न्यूज चैनलों पर दिखाए जाने वाले महाविनाश की खबर देखकर वो परेशान हो चुकी थी। इसी उधेड़बुन में उसने आत्महत्या कर ली थी। हालाँकि न्यूज चैनल पहले भी दो-तीन बार महाविनाश की चेतावनी दे चुके थे, लेकिन इस बार प्रायोगिक तौर पर शुरू की गयी मशीनों की टक्कर को लेकर महाविनाश का हो-हल्ला कुछ ज्यादा ही जोर-शोर से मचा रहे थे। ऐसे में विनाश की पहली झलक नजर आने लगी थी। फिर क्या था सारे पत्रकार पहुँच गये इन्दौर में शालिनी के घर। पूरा मजमा लगा हुआ था। जैसे ही शालिनी के पिता घर से बाहर निकले। पत्रकारों ने सवालों के तोप गोले दाग दिये।

—शालिनी ने क्यों आत्महत्या की?

—क्या शालिनी वाकई डरी हुई थी?

—क्या ये आत्महत्या महाविनाश का असर है?

—क्या शालिनी की मौत महाविनाश की पहली कड़ी है?

शालिनी के पिता ने पहले तो सारे पत्रकारों को घूरते हुए गुर्राया... और फिर अचानक संयमित होकर कहा कि शालिनी ने तीन गलती की। पहली गलती तो ये थी कि मना करने के बावजूद उसने न्यूज चैनल देखा। दूसरी गलती ये थी कि इसे सच मान लिया। और तीसरी और आखिरी गलती ये थी कि आखिर तक वो इन तथाकथित चैनलों को न्यूज चैनल ही मानती रही।

फ्लॉप फिल्म

अपने डेढ़ साल के बच्चे किट्टू को लेकर मैं अपनी पत्नी के साथ करीब सवा साल बाद फिल्म देखने मल्टीप्लेक्स जा रहा था। कहाँ मैं हर हफ्ते कम-से-कम एक फिल्म देख लेता था और कहाँ किट्टू की वजह से पिछले सवा साल से फिल्म नहीं देख पाया था। बार-बार ये सोचकर डर लगता कि कहीं किट्टू हॉल में बदमाशी न करे, रोने न लगे, चिल्लाने न लगे। कहीं सवा साल के मासूम की वजह से मुझे शर्मिन्दगी न उठानी पड़े।

मुझे याद थी वो घटना जिसमें एक मेरे मित्र का डेढ़ साल का बेटा थियेटर के अन्दर इतना रोने लगा था कि कभी उसे गोद में लेकर उसका पिता बाहर निकलता तो कभी उसकी माँ... और आखिर में दोनों फिल्म छोड़कर चले आये। इतना ही नहीं, सालों पहले सुना वो वाकया भी मुझे याद आ रहा था जिसमें हॉल के भीतर बच्चे की वजह से दर्शकों ने माँ-बाप का भी खूब मजाक उड़ाया था। दरअसल बच्चा हॉल के भीतर तेजी से रो रहा था, माँ-बाप से सँभाले नहीं सँभल रहा था कि तभी हॉल में बैठे एक शख्स ने चिल्लाते हुए कहा—"बच्चे के मुँह में निपल दो।" इसे सुनते ही बच्चे का बाप गुस्सा हो उठा और फिर उसने भी चीखते हुए पूछा "कौन बोला बे?" इसे सुनते ही झल्ला रहे बाकी दर्शकों में से दूसरे शख्स ने कहा "एक बाप के मुँह में भी दो।"

मुझे इसी बात का डर था कि कहीं किट्टू की वजह से हम लोगों का उपहास न होने लगे। कई बारगी ये इतना झल्ला जाता है कि सँभाले नहीं सँभलता, पर दिल को और अपनी पत्नी को कब तक समझाएँ। सवा दो साल बाद आखिरकार किसी तरह हिम्मत करके मैं अपनी पत्नी और किट्टू के साथ मल्टीप्लेक्स पहुँचा। फिल्म देखने का उत्साह इतना था कि ये भी पता नहीं किया कि कौन सी मूवी लगी है। बस फिल्म देखनी है, चाहे जिस फिल्म के टिकट मिल जायें।

काउंटर पर पहुँचा तो पता चला कि थोड़ी ही देर में 'वी आर दी फैमिली' नाम की फिल्म शुरू होने वाली है और इसके टिकट भी मिल रहे हैं। फिर क्या था, मैंने दो टिकट के पैसे दिये लेकिन साथ ही टिकट बेचने वाले से बता दिया कि मेरे साथ एक छोटा बच्चा है, इसलिए मुझे सबसे आखिरी लाइन में कॉर्नर

वाली सीट दी जाये, ताकि कम से कम लोगों को परेशानी हो। टिकट बेचने वाले ने भी मेहरबानी दिखाते हुए आख़िर की वो सीट ही दी, जो बॉक्सनुमा थी और उसमें सिर्फ चार ही सीट थी। इसमें दो हमारे जिम्मे।

'वी आर दी फैमिली' फिल्म देखने हम थियेटर के अन्दर पहुँचे। वहाँ देखा हमारे आस-पास कोई नहीं बैठा था। दूर में सिर्फ तीन लोग थे। वो भी तीनों पुरुष... हमें थोड़ा डर लगा कि इतने बड़े हॉल में सिर्फ पाँच लोग। मेरे साथ मेरी पत्नी और एक छोटा बच्चा भी। थोड़ा डर भी लगा, लेकिन दिल को तसल्ली दिलाई कि अभी फिल्म शुरू होने में दस मिनट बाकी है... थोड़ी ही देर में हॉल भर जायेगा। लेकिन ये क्या? फिल्म शुरू होने को थी... और बमुश्किल पाँच लोग और आये... इसमें से एक लड़की थी, लेकिन बच्चा कोई नहीं। मुझे समझते देर नहीं लगी कि हम लोग किसी फ्लॉप फिल्म को देखने आ गये हैं। बड़ा अफसोस हुआ कि एक तो इतने सालों बाद फिल्म देखने आये हैं और वो भी फ्लॉप फिल्म! तय कर लिया कि आगे से फिल्म देखने से पहले पता कर लूँगा कि कौन सी फिल्म लगी है। फिल्म हिट है या फ्लॉप। एक तो फिल्म देखना कम हो गया है और ऊपर से फ्लॉप फिल्म हम कैसे झेल पायेंगे।

फिल्म शुरू हो चुकी थी। मेरा बेटा सामने के विशालकाय स्क्रीन को देखकर हतप्रभ। थोड़ा एन्ज्वॉय किया। उसके बाद हिलना-डुलना शुरू किया और फिर हाथ-पैर चलाना... इसके बाद अचानक से रोना। मम्मी ने थोड़ी देर उसे दूध की बोतल को थमा दिया... किट्टू चुप हो गया, पर बीच-बीच में हल्ला जरूर करता। हम बड़ी मेहनत करके किसी तरह से फिल्म देखने की कोशिश कर रहे हैं, इसलिए एन्ज्वॉय कर रहे थे, लेकिन ये भी डर लग रहा था कि कहीं किट्टू की वजह से बाकी दर्शक गुस्सा न हो जायें... ऐसे में फिल्म के साथ-साथ मैं कनखियों से बाकी लोगों को भी देख रहा था।

इस दौरान बीच में हमने किट्टू को पानी की बोतल दी और खाने को बिस्किट भी दिया, जिससे थोड़ी देर खेलने के बाद उसने फेंक दिया... और फिर चन्द मिनटों बाद ही वो एक सुर में रोने लगा। मैं और मेरी पत्नी परेशान, कैसे चुप कराएँ... कई तरह से कोशिशें कर रहे थे कि वो चुप हो जाये... लेकिन हर कोशिश नाकाम, लगा अब हॉल से बाहर जाना ही पड़ेगा कि अचानक देखा कि किट्टू ने रोना छोड़कर हाथ-पैर फेंकता हुआ खेलना शुरू कर दिया है। ध्यान दिया तो पाया कि ज्यादातर दर्शक हमारे ही तरफ देख रहे हैं और वो किट्टू से खेलने की कोशिश कर रहे हैं। समझते देर न लगी कि फिल्म से बोर होकर ये लोग किट्टू से इशारे में खेल रहे हैं। कोई दूर से नाक-मुँह सिकोड़कर इशारे कर रहा है तो कोई मोबाइल चमका रहा है। किट्टू भी बीच-बीच में आवाज निकालता और तरह-तरह की हरकतें करता... दर्शकों और किट्टू की इस हमजोली में आखिरकार हम फिल्म देखने में कामयाब

हो ही गये।

फिल्म खत्म हो चुकी थी और हम थियेटर से बाहर ऐसे निकले मानो कोई जंग जीतकर लौटे हों। हॉल से बाहर निकलते ही पत्नी ने कहा 'फिल्म अच्छी थी।' शायद फिल्म बड़ी मेहनत से देखी थी, इसीलिए अच्छी लगी हो।

"हूँ।" मैंने सिर हिलाते हुए हल्के से इस अन्दाज में कहा, जिससे कोई दूसरा शख्स न सुन ले। हालाँकि बाकी दर्शकों के चेहरे से पैसा और समय के बर्बाद होने की मायूसी साफ झलक रही थी।

"इसका मतलब ये हुआ कि हम किट्टू को साथ लेकर फिल्म देखने कभी भी आ सकते हैं।" पत्नी ने इस बार पूरे आत्मविश्वास के साथ कहा।

मैंने इस बार पत्नी को कोई जवाब नहीं दिया, बल्कि यही सोचता रहा कि अगली बार फिल्म देखने से पहले ये जरूर पता कर लूँगा कि कोई फ्लॉप फिल्म लगी भी है या नहीं।

कब मरेंगे पोप?

बहुत दिनों के बाद मुझे कुछ अच्छा असाइनमेंट मिला था। न्यूजरूम में पोप जॉन पॉल द्वितीय पर सभी स्क्रिप्ट लिखने और वीडियो एडिटिंग करवाने की जिम्मेदारी मुझे दी गयी थी। दरअसल मैंने ही अपने बॉस को बताया था कि पोप की सेहत लगातार गिर रही है। ऐसा लगता है कि ये जल्दी ही भगवान को प्यारे हो सकते हैं। न्यूज चैनलों के लिए ये एक बहुत बड़ी खबर होगी। ऊँचे तबके के लोगों की इस खबर पर पैनी नजर है। क्यों न पोप पर पहले से कुछ अच्छे पैकेज बनाकर रखे जायें। कभी इनकी मौत हो गयी तो फिर हम दूसरे चैनलों के मुकाबले इसे अच्छे से कवर कर पायेंगे। बॉस को ये आइडिया पसन्द आया और उन्होंने ये जिम्मेदारी मुझे ही सौंप दी।

"आखिरकार लम्बी बीमारी के बाद पोप जॉन पॉल द्वितीय नहीं रहे।" "पोप की मौत से पूरी दुनिया में शोक की लहर फैल गयी है।" कुछ ऐसी ही शुरुआती पंक्तियों के साथ मैंने स्क्रिप्ट लिखनी शुरू की। हर दृष्टिकोण से पोप पर मैंने कई पैकेज तैयार किये।

लेकिन पोप हैं कि गम्भीर बीमारी के बावजूद कई दिनों तक अन्तिम घड़ियाँ गिनते रहे। अब मरे, तब मरे की स्थिति थी। इसी में एक हफ्ता गुजर गया। मैं जबरदस्त मेहनत करके अब तक कई पैकेज बना चुका था, लेकिन ये पैकेज तभी चलाए जा सकते थे जब पोप की मौत हो जाये। इधर पोप न तो पूरी तरह ठीक हो रहे थे और न ही उनकी सेहत में सुधार हो रहा था। पर इस चक्कर में मैं बेकाम हो गया था। कहाँ तो मैं एक नये कॉन्सेप्ट के साथ आगे बढ़ने की सोच रहा था, लेकिन मेरे सहकर्मी हो मेरा मजाक उड़ा रहे थे कि साले कर क्या रहे हो। थक-हारकर एक दिन मैंने तय किया कि अब सारी स्टोरी लाइब्रेरी में जमा करके किसी दूसरे एसाइनमेंट में लग जाऊँगा।

एक दिन थका-हारा मैं घर पहुँचा कि अचानक मेरे एक साथी का फोन आया और उसने बताया कि पोप की मौत हो चुकी है। मैं काफी खुश हुआ कि अब मेरी सभी स्टोरी चलेंगी। मैं बिना देर किये दफ्तर पहुँच गया। तब तक पोप पर तैयार की गयी मेरी कई स्टोरी चल चुकी थी। सभी सहकर्मी मुझे बधाई दे रहे

थे कि मैंने कितना बढ़िया काम किया है। दूसरे चैनल जहाँ पोप की वही घिसी-पिटी खबर दिखा रहे थे, वहाँ हम इसका बेहतरीन कवरेज सभी एंगल से कर रहे थे। कुछ सहकर्मियों ने बधाई देते हुए कहा कि लग ही नहीं रहा कि ये स्टोरी मैंने पोप की मौत से पहले लिखी है। तभी एक शख्स की आवाज सुनाई पड़ी कि 'यही तो एक पत्रकार की संवेदनशीलता है।'

(कथादेश अखिल भारतीय
लघुकथा में पुरस्कृत कहानी)
□□